POCHES ODILE JACOB

LA RUPTURE AMOUREUSE

DU MÊME AUTEUR
CHEZ ODILE JACOB

Le Mensonge dans le couple, 2018.

Lisa Letessier

LA RUPTURE AMOUREUSE

S'en sortir et ne pas refaire les mêmes erreurs

Odile Jacob
poches

15, rue Soufflot, 75005 Paris

www.odilejacob.fr

ISBN : 978-2-7381-5607-5
ISSN : 1621-0654

À mes parents,
Anny Cohen-Letessier
et Serge Letessier.

Sommaire

Avant-propos

Tout le monde, une fois dans sa vie, a vécu une rupture amoureuse. La douleur résultant de cet événement, décrit par certains comme un vrai drame, est souvent sous-estimée par l'entourage, voire par le concerné lui-même, quand ce n'est pas par le thérapeute qu'on consulte malgré tout ! Combien de phrases bateau entend-on dans ce genre de situation ? « Une de perdue, dix de retrouvées ! », « Tu en trouveras un autre ! », ou encore : « Avec le temps tout passe ! » Sauf que le temps est long, la souffrance insupportable et que, parfois, la douleur ne passe pas et s'incruste…

Une rupture amoureuse n'est pas un moment de vie à prendre à la légère, car elle implique des processus psychiques complexes et peut entraîner de lourdes conséquences pour la vie future.

Il arrive également que certaines ruptures soient tellement anciennes qu'on finit par oublier que c'est cette histoire traumatisante qui fait notre solitude actuelle. Il arrive aussi qu'on tombe de façon quasi systématique sur des personnes qui nous font souffrir et qui détruisent peu à peu la confiance en soi qu'on avait. On finit alors par avoir des pensées comme : « De toute façon, je resterai seul(e) toute ma vie… », « De toute façon, je ne trouverai jamais personne… », « De toute façon, l'amour n'arrive qu'aux autres… » Vous, vous voyez vos amis en couple, relativement heureux, et vous vous demandez comment ils font, eux, alors que pour vous, c'est l'échec. Si vous êtes une femme, vous avez peut-être, en plus, votre horloge biologique qui clignote en vous alarmant de façon insistante : « Attention, date d'expiration qui approche, alerte bébé ! » Et cela remet une petite couche d'angoisse supplémentaire. Mais les hommes aussi sont concernés. Ils ne l'expriment pas de la même façon, leurs angoisses ne sont pas les mêmes, mais leur souffrance est bien là et bien incomprise. Ils peuvent avoir des pensées comme : « Je ne suis pas fait pour les histoires qui durent… », « C'est foutu… », « Je vais finir en vieux c… qui roule en décapotable… », ou encore : « Le vieux croulant introverti, c'est moi dans quelques années… » Les hommes ont souvent une intelligence de type rationnel, logique. Quand ils ne comprennent pas ce qui leur arrive, cela les angoisse d'autant plus. Ils ont besoin de comprendre pourquoi ils ne s'en remettent pas, à quoi c'est dû, comment cela fonctionne ; sinon, ils ne se sentent pas « normaux ».

Dans l'ensemble, les hommes ont davantage tendance que les femmes à ne pas demander d'aide. Ils considèrent cela comme une démonstration de faiblesse, ils pensent qu'ils peuvent « régler ça tout seuls ». Les conséquences d'une telle attitude peuvent être dramatiques. Plutôt que de redéfinir leur identité et composer avec toute une gamme d'émotions auxquelles ils ne sont pas habitués, ils préfèrent s'anesthésier dans l'alcool ou les drogues, au lieu de réfléchir à ce qui s'est passé. La question qui se pose est pourtant celle-ci : « Qu'est-ce qui est le plus courageux ? Accepter de se confronter à ses problèmes et ses émotions douloureuses ? Ou bien les éviter ? » Car cette impossibilité à accepter l'idée d'aller voir quelqu'un pour se faire aider est un évitement. Bien sûr, tout le monde n'a pas besoin d'aller voir un psy après une rupture, mais savoir accepter de l'aide est une force.

Ce qui réunit les hommes et les femmes, c'est la peur de revivre cet état de souffrance. La rupture amoureuse touche tout le monde et toutes les classes d'âge. La souffrance qu'elle engendre peut plonger dans des détresses psychiques insupportables, que l'on ait 15 ou 70 ans. Elle est parfois le déclencheur de dépressions majeures ou de minitraumatismes. Une rupture peut aussi entraîner des crises d'angoisse, des attaques de panique ou amoindrir nettement notre tolérance au stress. Certains, je l'ai dit, se réfugieront dans l'alcool, la drogue ou auront un comportement sexuel à risque.

L'être humain n'est pas fait pour être seul. Si quelques moments de célibat peuvent être très bénéfiques pour se retrouver, s'épanouir professionnellement ou personnellement, il est impossible, à mon sens, d'être totalement heureux en étant totalement seul, sans amour. L'amour est une nourriture, une énergie. Il déclenche biologiquement un processus de bonheur. En être privé est une épreuve qu'il faut considérer à sa juste importance.

Ce livre justement est là pour vous permettre de passer cette période difficile, de ne pas vous enliser, de rebondir après une rupture douloureuse. C'est un guide destiné à vous accompagner et vous aider à faire le deuil d'une histoire passée, proche ou lointaine, mais aussi à comprendre pourquoi vous vous retrouvez toujours plongé dans les mêmes drames amoureux. En suivant le programme de douze semaines qu'il propose, vous découvrirez, jour après jour, quelles sont les techniques pratiques qui permettent vraiment de s'en sortir et de ne plus refaire les mêmes erreurs. Vous y apprendrez aussi comment aider un proche, une sœur ou un ami, qui se remet mal de la fin d'une relation amoureuse. Mais, avant d'agir et d'utiliser ces techniques, vous devrez d'abord comprendre ce qui se passe, nous allons donc commencer par là.

Je n'ai plus qu'à vous souhaiter bon courage !

PREMIÈRE PARTIE

« Pourquoi ça fait si mal ? »

Les mécanismes de ma rupture amoureuse

Pour vous remettre de votre rupture amoureuse, il vous faut commencer par comprendre ce qui s'est passé avec votre ex, déterminer pourquoi votre histoire n'a pas marché, savoir ce qui est en train de se dérouler en vous en ce moment. Dans cette première partie, vous allez donc vous familiariser avec votre rupture afin de la connaître, l'apprivoiser, ce qui vous permettra ensuite de mieux travailler dessus.

Chapitre 1

Quand tout s'effondre

L'impression de ne plus pouvoir respirer, d'avoir une plaie ouverte au milieu de la poitrine, qu'une partie de soi a été arrachée, qu'on nous a déchiré le cœur et les poumons en deux... Un peu cru peut-être ? Ce n'est pourtant qu'une description fidèle de ce que l'on peut ressentir lorsqu'une histoire s'arrête. En effet, il arrive qu'une rupture fasse émerger des angoisses archaïques, entraînant une sensation insupportable de vide ou de mort imminente. Ces angoisses archaïques, qui apparaissent très tôt dans notre développement, sont en rapport avec l'intégrité du corps, avec la survie. Si elles sont réactivées lors d'une rupture, le ressenti de la personne qui est quittée sera donc extrêmement violent.

Rappelez-vous l'héroïne de *Twilight*, le célèbre roman de Stephenie Meyer qui fait la joie des ados, décrivant ses sensations lorsque le bel Edward l'abandonne : « La sensation qu'un grand trou avait été découpé dans ma poitrine, tranchant mes organes vitaux et laissant des plaies béantes aux lèvres grossièrement tailladées qui continuaient à saigner douloureusement en dépit du temps, était paralysante... »

L'être aimé est parti, et notre monde s'écroule. Tous les rêves et surtout tout l'équilibre que vous vous étiez bâtis s'effondrent. Les repères s'effacent et il faut tout recommencer. Même si cet équilibre était instable, même si, rationnellement, vous saviez que votre partenaire était toxique pour vous, ces émotions restent extrêmement pénibles.

Julie, 25 ans, nous livre ce qu'elle ressent quelques jours après sa rupture :

Me réveiller le samedi matin avec toi, je crois que c'est une des choses qui me manquent le plus. C'est le week-end que je ressens encore plus cruellement ton absence. Personne pour me dire : « On reste au lit toute la journée ? » ou : « Ça te dit, un brunch ? » ou encore : « Allez, on hiberne jusqu'à 13 heures et on se fait un ciné ! »
J'ai beaucoup pleuré avec toi, c'est certain. Mais tu étais là. Aujourd'hui, je pleure encore, mais je suis seule. Enfin, je me retiens beaucoup. Comme si je gardais toutes ces larmes en moi. Une sorte de tristesse invisible.
Je t'en veux tellement de me mettre dans cet état. Je te déteste de ne plus être là pour me consoler. Je te déteste d'être en voyage de l'autre côté de l'océan. De m'avoir laissée de ce côté-là.
Aujourd'hui samedi, je me réveille sans toi. Je m'assieds au milieu de mon lit et je contemple mon appartement. Sans vraiment le vouloir, mon œil est attiré par ces petites choses insignifiantes qui te rappellent à moi. Plus aucune photo, plus aucune de tes affaires, mais tant de choses que je ne peux pas mettre à la poubelle. Ce vase. Un cadeau. Mes livres, que tu as lus pour certains. Ce bouquin de recettes, offert par surprise. Ce jeu de société dont on connaît les questions par cœur.
Je t'en veux, je te déteste d'avoir mis fin à toutes ces choses insignifiantes. Mais qui donnaient un sens à ma vie. Tout est à reconstruire aujourd'hui. Je ne suis pas sûre d'en avoir l'envie ni la force. J'ai le vertige.
Tout ça, c'est de faute.

Julie décrit très bien la perte de repères que provoque une rupture amoureuse. Heureusement, il est possible, même après un tremblement de terre de cette ampleur, de se reconstruire, de se trouver de nouveaux repères, de retrouver un équilibre indépendamment de l'autre. Pour cela, il faut d'abord comprendre ce qui s'est exactement passé.

Chapitre 2

Un deuil à part entière

Malheureusement, certains d'entre vous n'en sont peut-être pas à leur première rupture et ont l'impression de répéter inlassablement les mêmes erreurs. D'autres, qui font cette expérience pour la première fois, sont terrifiés à l'idée de revivre cette souffrance et préfèrent éviter tout ce qui risquerait de les remettre dans cet état-là. Cet « état-là », c'est l'état de deuil.

Le deuil est lié à une perte réelle ou à un sentiment de perte. Consécutif à une rupture amoureuse, il diffère, bien sûr, de celui causé par un décès : même si elle a disparu de votre vie, la personne qui est partie existe encore ; elle est devenue un souvenir, mais un « souvenir vivant » (Sauteraud, 2012). Toutefois, il existe aussi des points communs importants dans les processus psychiques impliqués dans les deux situations.

On distingue habituellement le deuil normal et le deuil compliqué.

Le processus d'un deuil dit « normal », décrit par de nombreux spécialistes, comporte différentes étapes. Il est important de comprendre que ces étapes ne sont pas figées, elles peuvent se chevaucher ou s'inverser ; elles peuvent être vécues pour certaines de façon intense et, pour d'autres, de manière plus fugace. Différents schémas de deuil ont été décrits. Voici celui que je vous propose pour le deuil normal :

• *Nous passons d'abord par une phase de sidération* si nous ne nous attendions pas à une telle annonce : notre esprit devient vide, on ne peut ni penser ni bouger. C'est un choc physique et psychique.

• *Puis vient le déni* (« non, ce n'est pas possible, je ne peux pas y croire »). C'est un état pseudo-confusionnel auquel se mêle un sentiment d'irréalité.

• *S'ensuit ce que j'appellerai une période émotionnelle.* Interviennent la colère, mêlée de culpabilité, contre soi (« tout est ma faute, j'ai tout gâché »), puis contre l'autre, celui qui est parti, qui nous a abandonné, mis dans cet état ; la tristesse, l'angoisse, la peur ; la difficulté à se concentrer, à s'intéresser à tout ce qui se passe à l'extérieur, parce qu'on est trop pris et envahi par ce qui se passe à l'intérieur ; la rumination des souvenirs et des « pourquoi »... Pendant cette période, on oscille ainsi entre différentes émotions. Les lieux, les objets, le moindre détail nous rappellent notre ex et deviennent sources de souffrance.

• *Survient une phase d'adaptation*, durant laquelle on retrouve peu à peu des repères, où l'on « s'accommode » de sa perte.

• *Enfin, c'est l'acceptation.*

Voilà donc pour les étapes d'un deuil « normal », c'est-à-dire qui ne se complique pas. La douleur reste forte, et « normal » ne veut pas dire anodin. Les étapes se déroulent cependant de façon fluide. Les émotions désagréables ne sont pas évitées. La personne abandonnée sent qu'elle évolue progressivement vers un mieux-être. Une rupture normale ne laissera pas de séquelles et n'empêchera pas de s'investir en confiance dans une future relation.

Dans un deuil compliqué, en revanche, le déroulement normal des phases n'est pas respecté. Soit elles sont trop longues, soit on reste bloqué à une étape, ce qui empêche d'aller au bout du processus. Les émotions deviennent insupportables, on a l'impression de ne plus en voir le bout, de sans cesse rechuter, comme si l'autre était parti la veille. La rupture devient interminable.

Dans les cas les plus graves, ce deuil compliqué devient pathologique et entraîne une décompensation : nos défenses ne font plus face et s'effondrent. On peut sombrer, par exemple, dans un état dépressif majeur.

Il est difficile, voire impossible, de fixer un temps au-delà duquel un deuil devient pathologique. Ce temps dépend d'une multitude de facteurs que nous détaillerons plus tard. Pour les pertes résultant d'un décès, on évoque habituellement le stade de la première année, lorsque toutes les dates anniversaires sont passées (Sauteraud, 2012). Toujours pour les décès, on estime qu'un endeuillé doit commencer à trouver de nouveaux repères et à sentir ses émotions douloureuses diminuer au bout de six mois. On dit aussi, pour les ruptures amoureuses cette fois, que l'on met à s'en remettre la moitié du temps qu'a duré l'histoire. Cette estimation me semble un peu simpliste. Pour ma part, je pense que la meilleure personne pour évaluer si un deuil est devenu compliqué est l'endeuillé lui-même.

De façon générale, on risque de vivre un deuil compliqué lorsque les émotions sont tellement intenses que l'on cherche à les éviter. C'est en les évitant, en effet, que l'on empêche le chemin du deuil de se poursuivre. L'émotion bloquée peut provoquer des tensions, entraînant parfois des troubles somatiques comme des maux de ventre, des maux de tête, des tensions musculaires, de l'eczéma ou du psoriasis. Plus ces émotions négatives sont bloquées et plus elles prennent de la puissance, nuisant au bien-être de la personne. La communication avec l'entourage devient également de plus en plus difficile. On s'enferme dans sa grotte, pris en otage par un étau d'émotions douloureuses et plus personne n'arrive à faire sortir l'ours que nous sommes devenu.

Peut-être, depuis votre rupture, ressentez-vous une douleur morale, une perte d'intérêt, une incapacité à aimer, un ralentissement de vos pensées. Peut-être avez-vous l'impression que chaque mouvement est un marathon. Quoi qu'il en soit, cette période émotionnelle est très importante à traverser, car il faut passer par la tristesse pour faire son deuil. Alors, et alors seulement, pourra venir la phase d'acceptation tant recherchée. Un endeuillé « bloqué » est précisément quelqu'un qui combat la rupture de l'attachement. L'angoisse de la séparation lui est insupportable et le pousse à essayer de garder un semblant d'équilibre, artificiel et très précaire, en évitant au maximum les émotions désagréables.

La difficulté particulière du « deuil relationnel » est que l'autre a choisi de partir. Il est encore en vie et nous refuse désormais son amour, sa présence et son soutien. Lorsqu'on est en couple, cette stabilité donne l'illusion de la permanence. Une rupture confronte au fait que la vie est en réalité constamment en équilibre instable. Une rupture amoureuse est ainsi une petite mort dans un processus de vie, et se confronter à la mort est toujours extrêmement angoissant. Lorsqu'on subit une rupture, les émotions douloureuses que l'on éprouve viennent souvent faire écho à d'autres événements passés qui nous ont fait souffrir. Tous les deuils non résolus – décès d'un être cher ou autres ruptures – viennent s'ajouter à celui-là, ce qui augmente encore la souffrance ressentie.

Chapitre 3

L'angoisse et la douleur

On peut comparer la douleur de la rupture amoureuse aux mécanismes d'une crise d'angoisse. La douleur arrive et monte en flèche. Vous avez le sentiment que vous allez mourir de cette douleur, l'impression que vous ne vous en relèverez pas, car elle ne cesse d'augmenter. Alors vous tentez d'éviter la tristesse, la colère, le sentiment de vide, pour faire redescendre le niveau d'angoisse provoqué par la douleur. Vous essayez de penser à autre chose, en vous noyant dans des séries ou en sortant tous les soirs, peut-être en vous alcoolisant un maximum.

En réalité, cette douleur va atteindre un plateau. Si vous arrivez à supporter ce plateau sans l'éviter, vous allez même expérimenter la descente naturelle de l'angoisse et, donc, de la douleur. Et la prochaine fois que vous penserez à votre ex et que vous serez pris d'une bouffée d'angoisse, cette angoisse sera moins forte et moins longue. C'est ce que l'on appelle l'« habituation ».

La façon dont se déroule une rupture a son importance. Si celle-ci n'est pas voulue, la douleur ne pourra être évitée, mais son intensité va varier en fonction de différents éléments. La douleur sera d'autant plus forte que la rupture n'a pas du tout été anticipée, qu'on n'a pas eu le temps de se préparer psychiquement, que les raisons du départ de l'autre sont floues ou incomprises, que des questions restent en suspens, qu'il y a eu des mensonges, de la tromperie, de la maltraitance psychique ou physique.

La douleur ressentie n'est donc pas proportionnelle au temps de la relation. Il n'y a rien de plus énervant que d'entendre : « Oh mais c'est bon, tu ne vas pas te mettre dans des états pareils pour une relation de six mois ! » Ce manque d'empathie ne fait que donner le sentiment d'être incompris et ajoute une couche à la douleur. Plutôt qu'à la durée de l'histoire, la souffrance d'une rupture est liée à la façon dont s'est déroulée la séparation, ainsi qu'au type d'attachement propre à la personne qui est quittée. Pour bien le comprendre, voici l'histoire de Laura.

Laura, 30 ans, est en couple avec Frédéric depuis huit mois. À ses yeux, ils vivent une belle histoire et tout va bien malgré quelques conflits dus au sentiment d'insécurité qu'elle éprouve – ce qu'elle ne comprendra que bien plus tard. Un jour, Frédéric lui annonce qu'il veut vivre avec elle ; folle de bonheur, elle accepte. Une semaine plus tard, il la quitte sans autre explication que : « Je me suis voilé la face, je me suis rendu compte que je ne me projetais pas avec toi, que je n'avais pas les épaules pour supporter ton caractère. »

La soudaineté et la violence de la rupture plongent Laura dans un état de choc et une dépression si profonde qu'elle doit être arrêtée plusieurs semaines. En proie à un très fort sentiment d'incompréhension et de dévalorisation, elle enchaîne les nuits blanches.

Quelques semaines plus tard, Frédéric lui avoue qu'il est parti pour une autre femme qu'il venait de rencontrer. Laura décide alors de tout mettre en œuvre pour le reconquérir. Elle va jusqu'à le supplier de revenir. Évidemment, plus elle appelle, plus elle envoie de messages et plus il la rejette.

Un jour, Laura comprend qu'il lui faut tirer un trait et entamer son processus de deuil. Pour cela, elle doit cesser tout contact avec Frédéric. Elle décide de s'aider d'un journal où elle écrit chaque fois que l'envie de lui parler la prend. Elle s'y emploie pendant plusieurs mois de suite.

Voici quelques extraits du journal de Laura. Il commence deux mois et demi après la rupture.

Mon amour,
Cela fait depuis la Saint-Valentin que je ne vais pas bien du tout. Le trou béant dans ma poitrine qui s'était fait un peu oublier a décidé de se rappeler à mon bon souvenir...
Tu me manques tellement qu'à certains moments je ne peux plus respirer. Parfois je me dis que la seule solution pour arrêter cette gangrène qui me paralyse serait de mourir. Mais j'essaie de survivre. De toute façon, j'ai l'impression d'être déjà morte. Je suis une enveloppe vide qui essaie de sauver les apparences. Sans toi, la vie a perdu de son sens. Nos souvenirs sont comme des millions d'aiguilles qui me piquent jusqu'au cœur.
Je pense à toi tous les jours en espérant que ça se passe bien pour toi, car même si tu es loin de moi, mon amour, je ne veux que ton bien. Je commence ma thérapie dans deux jours et je continue le yoga. J'aurais tellement aimé partager tout cela avec toi...

Deux jours plus tard :
Même quand je suis avec quelqu'un d'autre, je pense à toi et je dois me concentrer pour ne pas dire ton nom. Je me demande si, de ton côté, tu imagines à quel point je pense à toi...

Trois semaines plus tard :
Je rentre de vacances et je viens de recevoir ton coup de téléphone. Je pense qu'en trente ans je n'ai jamais rencontré pire connard. Jusqu'à présent, je me disais que toutes tes « maladresses » relevaient de ton immaturité. Mais, là, tu as pété les scores.
Je me demande quelle perversité anime ton esprit pour m'appeler et me dire que tu t'es remis avec cette pétasse pour laquelle tu m'as quittée. C'est surnaturel !
Je plains toutes les nanas qui croiseront ton chemin et je suis en train de me dire que je l'ai échappé belle.
Sincèrement, je regrette d'être sortie avec toi et j'efface notre histoire de ma vie. Tu ne mérites pas l'amour que je te porte.
Tu es un bulldozer qui détruit tout sur son passage, qui m'a détruite, moi. Fais-toi soigner.

Trois mois plus tard :

Cela fait un moment que je ne t'ai pas écrit.

Pas mal de choses se sont passées dans ma vie et dans ma tête. Je t'ai eu au téléphone hier et je n'ai rien ressenti du tout…

Cela fait six mois que tu m'as quittée et, pour la première fois, j'ai réussi à réécouter notre chanson sans pleurer. Néanmoins, ce soir, tu me manques un peu…

Je pense que notre amour a été quelque chose de profond et de véritable, mais je me souviens aussi du feu qui me brûlait à l'intérieur quand je te voyais danser, sourire, rire avec d'autres filles. J'essayais de toutes mes forces de maîtriser ces pensées, sans succès.

Je ne comprends pas encore pourquoi j'ai été aussi jalouse avec toi. S'agissait-il de croyances irrationnelles, de ton comportement ou de la fragilité de notre couple que je ne voulais pas voir ? Je ne sais pas.

Aujourd'hui je pense pouvoir dire que je vais bien, mes amies me trouvent plus posée, je le ressens également. Néanmoins, même si cet amour ne me transperce plus l'estomac comme avant, bien caché au fond de mon cœur, je t'aime encore.

Quatre mois plus tard :

Fred,

Je voulais t'écrire cette page depuis un mois, mais je n'ai pas eu le temps.

Il y a un mois, on s'est vus pour prendre un café. Neuf mois jour pour jour après notre rupture. Symbolique, je trouve.

Neuf mois. Le temps d'un bébé. Le temps d'accoucher de notre séparation.

Cette page, je n'aurais pas pensé l'écrire aussi vite, mais je suis guérie !

Je n'ai plus envie d'être en couple avec toi et encore moins de fonder une famille. Je ne dis pas cela avec méchanceté, mais avec soulagement ! Je sens que l'on est en train de construire des liens d'amitié. Le fait que tu aies pu accepter et verbaliser le fait que tu avais « grave merdé » m'a fait du bien.

Voilà, cette fois je sais que c'est la dernière page que j'écrirai.

Ça été une très jolie histoire malgré la fin. Je t'embrasse.

Cette page a, en effet, été la dernière.

Finalement, Laura n'a pas gardé de relation amicale avec Frédéric.

Aujourd'hui elle est très heureuse et fiancée.

Chapitre 4

Au secours, je suis en manque !

Il est important d'évoquer les aspects biologiques de la rupture amoureuse. En effet, la souffrance que l'on éprouve à cette occasion, on l'a vu et on continuera de le voir, a de multiples causes. L'une, qu'il ne faut pas négliger, est le phénomène biologique de manque. Pour comprendre ce qui se passe lorsqu'on est quitté par quelqu'un, portons d'abord notre attention sur les mécanismes qui sont à l'origine du sentiment amoureux.

Une question sensible

Lorsqu'on tombe amoureux, tous nos systèmes sensoriels sont en éveil (Vincent, 2007). L'odorat, par exemple, est particulièrement important. Notre cerveau est en attente de molécules odorantes qui servent de signaux de reconnaissance. Qui n'a pas plongé son nez dans le cou de son amoureux, comme un animal cherche à retrouver l'odeur familière qui témoigne du fait qu'il est bien arrivé chez lui ? Sans cette odeur, on a l'impression souvent d'être en manque. L'odeur de l'autre nous rassure et sécurise notre cerveau à l'affût !

Autre élément indispensable au sentiment amoureux : les phéromones. Ce sont des substances chimiques qui agissent comme des messagers entre les êtres vivants et qui affichent la disponibilité sexuelle d'un individu. Elles trahissent également la peur ou la sécurité. On parle souvent d'attitude de séduction ou, à l'inverse, d'attitude fermée. En réalité, un homme ou une femme qui désire séduire va dégager un important niveau de phéromones, provoquant un phénomène « pot de miel au milieu d'un essaim d'abeilles ».

Je précise : les phéromones n'ont rien à voir avec les parfums et sont totalement inodores. Leurs effets sont totalement inconscients, mais néanmoins très présents. Contrairement aux hormones qui agissent à l'intérieur du corps, elles agissent vers l'extérieur. Elles peuvent être volatiles ou agir par contact. Néanmoins l'action des phéromones chez l'homme est encore très floue.

C'est chimique !

Il existe dans le cerveau un seuil de déclenchement chimique qui permet de ressentir l'état amoureux. S'il n'existe aucune attirance chimique, on pourra devenir amis, mais pas amoureux. Néanmoins, ce n'est pas parce qu'il y a attirance chimique qu'on devient forcément transi de passion, car les influences cognitives, c'est-à-dire tout ce qui est du domaine de la pensée, peuvent annuler ce premier effet.

À l'intérieur du corps, les deux hormones principales de l'amour sont la dopamine et l'ocytocine. Sous l'emprise de l'héroïne, on perd l'appétit, on souffre d'hyperactivité, de troubles du sommeil, notre activité mentale s'agite, on est euphorique, voire à la limite de l'extase. Les symptômes de l'amoureux sont les mêmes que ceux du toxicomane.

Lorsqu'on rencontre quelqu'un, on libère une dose de dopamine, provoquant ainsi les premiers émois de l'état amoureux (Vincent, 2007). Toutefois, cet état ne pourra se prolonger et se renforcer que s'il y a libération d'ocytocine, la molécule de l'attachement, et cette libération a lieu en fonction de la personne rencontrée. Ensuite, le circuit dopaminergique va venir renforcer les effets de l'ocytocine, et notre cerveau nous envoyer l'information que nous avons envie de passer plus de temps avec la personne. Même lorsque le stimulus « présence de l'autre » s'arrête, nous continuons, pendant quelque temps encore, à rechercher ce stimulus endorphinogène qui nous conduisait au septième ciel. D'où la terrible sensation de manque qui va nous étreindre en l'absence de l'autre. Le délaissé, tel un héroïnomane, va alors tout faire pour récupérer un peu de sa « drogue ». C'est aussi cela qui entraîne les comportements de harcèlement chez certaines personnes quittées. On parle de « *love addiction* » pour ceux qui s'efforcent, de façon obsessionnelle, d'éprouver en permanence l'état physique et psychique qui caractérise le moment amoureux (Timmreck, 1990). En somme, la *love addiction*, c'est la quête permanente de la « lune de miel ».

On comprend mieux alors que la souffrance endurée puisse être d'autant plus intense que l'arrêt de l'histoire a lieu précocement. Un sevrage brutal en neurohormones en serait donc responsable – argument que vous pourrez opposer aux insensibles qui vous accusent de verser dans le mélodrame après une histoire de trois mois…

Ce qui passe dans notre cerveau

Des psychiatres américains se sont intéressés à l'activité cérébrale chez des femmes ayant vécu une rupture amoureuse récente (Najib, Lorberbaum, 2004). Ces femmes se disaient incapables d'oublier cette séparation et présentaient de fortes ruminations mentales – c'est là un risque important d'épisode dépressif majeur.

Il faut savoir qu'il existe une relation complexe entre la tristesse normale, le chagrin et la dépression. Ces trois stades se distinguent à la fois par leur intensité, leur qualité et la façon dont est vécue l'émotion. Ainsi la tristesse normale peut-elle être considérée comme une émotion limitée dans le temps. Le chagrin, lui, est déclenché par une perte, une séparation ; il est généralement de durée plus longue et peu entraîner des symptômes dépressifs durant quelques jours ou quelques mois. Quant à la dépression ou l'état dépressif majeur, c'est une pathologie qui se définit par plusieurs critères : diminution ou augmentation significative de l'appétit, insomnie ou hypersomnie, fatigue, diminution de la concentration, humeur triste présente quasiment toute la journée, perte de plaisir, d'intérêt et de motivation, dévalorisation de soi, culpabilité ; ces différents symptômes doivent perdurer pendant au moins quinze jours (*DSM-IV*, 2004).

Il se trouve qu'une rupture amoureuse est susceptible de provoquer ces trois états. Remarquez que l'on retrouve ici les trois types de deuil (normal, compliqué et pathologique) décrits précédemment.

Dans l'étude américaine sur les processus cérébraux intervenant lors d'une rupture, chacune des femmes devait passer une IRM pendant laquelle elle penserait à son ex-amoureux (ruminations douloureuses), l'idée des chercheurs étant de savoir s'il y avait alors altération de l'activité de certaines régions du cerveau. De fait, les résultats ont montré une augmentation significative de l'activité dans le cervelet, le cortex temporal postérieur, le cingulaire postérieur, le cortex pariétal postérieur et le cortex occipital. Ce qui signifie – de façon grossière – une augmentation de la perception des stimuli visuels, du besoin de parler (activation de l'aire du langage), de la faculté de remémoration et de la sensibilité tactile. Plus concrètement, une femme quittée sera donc plus sensible aux images, à ce qu'elle voit, par exemple aux photos ou aux objets qui lui rappellent son ex. Elle aura aussi davantage besoin de se confier, avec une augmentation significative de la mémoire et des reviviscences des souvenirs amoureux. En poussant un peu l'interprétation des résultats de l'étude, on pourrait même dire que la peau d'une personne quittée réclame le contact de son amoureux !

À l'inverse, dans plusieurs parties de l'hémisphère gauche, que nous ne détaillons pas pour simplifier, les chercheurs américains ont pu constater une diminution significative de l'activité cérébrale, ce qui correspond, entre autres, à une diminution du contrôle de la douleur et de la motivation, une augmentation du sentiment de dégoût et de dépendance, une diminution de la capacité de prise de décision, une diminution de la régulation du rythme cardiaque, une diminution de l'évaluation de la pertinence des informations émotionnelles et une diminution de la régulation des réponses émotionnelles ! Autant dire que nous ne pouvons plus, lorsque nous avons été quitté, interpréter et juger correctement les événements générateurs d'émotions et que nos réponses ne sont plus adaptées.

L'activation ou la désactivation de certaines régions du cerveau semblent donc bien altérées après une rupture amoureuse. Dans une autre étude, des neurocognitivistes de l'Université Columbia ont démontré que, dans cette situation, les parties du cerveau qui s'activaient étaient les mêmes que lorsqu'on ressentait une douleur physique. Une rupture fait mal comme une grosse chute (Smith *et al.*, 2004) !

Vous comprenez donc peut-être un peu mieux maintenant ce sentiment de devenir fou depuis que votre moitié vous a quitté. Votre corps est en panique et ressemble au corps du toxicomane en manque. Et comment s'appelle le processus thérapeutique qui vise à aider un drogué à s'en sortir ? Une cure de sevrage ! Oui, je sais, vous êtes peut-être en train de faire la grimace et de vous dire : « Non, je ne vais jamais y arriver… Je ne peux pas m'empêcher de l'appeler… De lui envoyer des SMS désespérés (parce qu'on ne sait jamais je pourrais réussir à la [le ?] reconquérir de cette façon) ou de regarder trente-deux fois par jour sa page Facebook ! » Mais un toxicomane qui reprend une dose replonge. Alors sachez que lorsque vous serez prêt, il vous faudra, vous aussi, commencer par cette période de sevrage, nous en reparlerons.

Chapitre 5

Les différentes raisons d'une rupture

Parmi les raisons les plus fréquemment invoquées pour expliquer l'échec d'un couple figurent : la maladie, la dépression, les relations extraconjugales, la mésentente sexuelle, la violence, l'absence de communication, l'ennui, les désaccords permanents, les difficultés financières, les relations avec la belle-famille. Pour bien comprendre comment ces différents facteurs interviennent, il faut toutefois souvent remonter plus avant.

Une histoire à quatre temps

Une relation amoureuse comporte habituellement quatre étapes (Bader et Pearson, 2001).

• *Il y a d'abord la symbiose*, qui dure entre deux et trois ans ; c'est la période « lune de miel », le moment où le couple est transporté de bonheur. L'autre est comme la huitième merveille du monde, celui ou celle qui nous comprend parfaitement. On imagine aisément qu'une rupture qui survient à cette période occasionne un traumatisme important chez celui qui ne concevait pas sa vie sans l'autre et se retrouve dans les faits privé de son âme sœur.

• *Puis vient la différenciation*, phase où chacun des partenaires exprime ses limites et ses besoins, où chacun découvre la personnalité de l'autre dans toute sa complexité. Les ruptures sont fréquentes durant cette phase, car les désirs ne concordent plus toujours. L'autre est vu sous son vrai jour, et non plus avec les yeux de l'idéalisation. Pour franchir cette étape, il est important de bien communiquer, de pouvoir exprimer ses besoins de façon adaptée et d'accepter de recevoir des critiques constructives. Les personnes qui n'ont aucune capacité de remise en cause ou aucune empathie auront beaucoup de mal à traverser cette période. Celles ayant des problèmes d'affirmation de soi seront également en difficulté, car elles n'arriveront pas à verbaliser leurs désaccords ou leurs envies : elles seront soit inhibées, soit systématiquement dans la confrontation.

• *L'expérimentation est la phase suivante*, celle où la relation de couple va être un peu délaissée au profit d'un projet professionnel, personnel ou pour un enfant. Pendant cette étape, il est important de ne pas totalement désinvestir son couple, car, privé d'énergie, il risquerait de s'éteindre. Les ruptures durant cette période peuvent survenir lorsqu'un déséquilibre d'investissement se fait sentir. Il peut arriver que seul l'un des deux membres du couple consacre son énergie à autre chose que son partenaire, ce qui engendre de multiples conflits pouvant déboucher sur une rupture. Il se peut également que chacun des membres du couple entre dans une linéarité relationnelle plate et barbante : il n'y a plus alors de dynamique dans les ressentis, les activités ; le couple devient mou, l'un finit par en prendre conscience et s'en va…

• *Enfin, il y a le rapprochement*, période qui correspond au retour de l'intimité dans le couple, lorsque les enfants sont partis, quand prend fin un projet particulier, quand se résout une grosse difficulté ou simplement au moment de la retraite. Cette période peut également être génératrice de ruptures si elle ne se fait pas bien : si l'intimité rassurante du couple ne revient pas, que l'autre se rend compte qu'il s'ennuie ou si les épreuves ont trop érodé l'amour, alors, c'est la fin du couple.

À mon sens, ces quatre étapes ne se déroulent pas forcément dans l'ordre que je viens de citer. Tous les couples ne fonctionnent pas de la même façon. On peut par exemple directement commencer par la phase de différenciation et en venir plus tard à la lune de miel. Les phases peuvent aussi se chevaucher. Actuellement, on voit de plus en plus de couples qui renouvellent leurs vœux. On peut donc imaginer qu'ils retraversent toutes les étapes avec les risques de rupture qui les accompagnent.

Petite typologie de l'amour et de ses échecs

Face à une rupture, il est important de comprendre ce qui a amené un couple à se disputer tout le temps, pourquoi l'un a été infidèle à l'autre ou pourquoi nous avons accepté que notre belle-famille nous traite si mal. Pour y parvenir, il faut réfléchir à ce qui s'est passé en amont de la rupture, pendant la relation, et certaines « typologies relationnelles » apportent des éléments de réponse. En effet, on distingue habituellement différents types de relations amoureuses, qui ont chacun leurs caractéristiques propres, leurs problèmes spécifiques et leurs motifs de rupture. Parmi les plus importants, outre l'amour codépendant (Fisher, 2005), on peut citer l'amour narcissique, l'amour virtuel, l'amour à sens unique, l'amour sexuel, l'amour interdit, l'amour triangulaire (Gratch, 2007). Nous allons examiner chacun plus en détail maintenant.

L'amour narcissique

Il existe trois types d'amour narcissique.

• *Dans le premier type d'amour narcissique*, on a tendance à idéaliser son partenaire. Les personnes susceptibles de céder à cette tendance sont en général celles qui ont une mauvaise estime d'elles-mêmes. Elles cherchent chez l'autre des éléments de personnalité qu'elles n'ont pas, mais qu'elles auraient aimé avoir, ou bien elles vivent une reconnaissance sociale à travers l'autre, par procuration. Si vous êtes concerné, alors vous êtes tombé amoureux de quelqu'un qui était la « star de la soirée », qui était connu, reconnu dans sa profession, de quelqu'un qui avait une « grande gueule », de quelqu'un qu'on regardait. Vous ressentiez un regain d'amour quand vous appreniez qu'un ami, que vous respectiez et admiriez, appréciait votre compagnon ou alors vous accordiez une importance particulière à l'image que renvoyait votre couple.

• *Dans la deuxième forme d'amour narcissique*, au lieu de chercher à combler ses manques, on cherche un miroir. En effet, un amoureux narcissique peut aussi, et à l'inverse, avoir besoin de retrouver chez l'autre des éléments de sa propre personnalité – c'est le fameux : « Il est comme moi » ou : « Elle me comprend parce qu'elle est exactement pareille. »

• *Enfin, dans la troisième forme*, l'amour narcissique rejoint ce qu'on appelle communément le « complexe de l'infirmière ». L'important est alors que le partenaire ait besoin de nous ou que l'on se sente indispensable. Jusqu'au jour où l'on se retrouve à hurler à la figure de sa moitié : « J'en ai marre de ton comportement d'adolescent, je ne suis pas ta mère ! »

Le problème avec l'amour narcissique, c'est que, malheureusement, au bout d'un moment, la réalité de l'autre ne peut plus être ignorée. On se rend compte que Roméo fait pipi dans le lavabo, regarde Eurosport avec une bière toute la journée, se mouche dans sa manche : on est alors légèrement déçue. *Idem* si on s'aperçoit que Juliette fait des crises d'hystérie chaque fois qu'elle ne trouve rien à se mettre, qu'elle ne sait pas cuisiner et que, comble de l'horreur, elle aussi peut souffrir d'une gastro : l'image de la femme belle, active, adulée de tous va alors s'effondrer comme un château de cartes… Dans ce genre d'histoire, la désillusion et la déception se soldent souvent par une rupture. Car comment garder cet « autre » quand il n'est plus un miroir suffisamment valorisant de soi-même ou, pire, quand il nous renvoie à nos propres failles, jusque-là ignorées ou déniées ? Quand on perd l'autre, on perd toujours un morceau de soi.

Votre ex a donc peut-être réalisé que vous n'étiez pas la Juliette ou le Roméo dont il rêvait. Ne supportant pas l'ambivalence déclenchée par cette découverte, il vous a laissé tomber. Trop dangereux, vous pouviez devenir le miroir de ses propres imperfections. Accepter l'ambivalence que l'on ressent vis-à-vis de quelqu'un signifie pouvoir gérer la frustration liée au fait que l'autre n'est pas parfait, et continuer de l'aimer malgré ses défauts – ou plutôt de continuer à l'aimer tout en étant agacé par ses défauts.

C'est en acceptant cette ambivalence qu'une relation peut s'épanouir. Si le désenchantement est trop grand, le partenaire déçu ne cessera d'évaluer négativement l'autre, et cette négativité permanente aura raison de la relation : ce sera la rupture.

L'amour virtuel

Dans l'amour virtuel, l'absence attise des sentiments qui restent purs puisqu'on n'est pas confronté à l'ambivalence qu'entraîne une relation quotidienne. L'amour virtuel, ce peut être l'amour longue distance, l'amour par Internet, l'amour à partir des souvenirs laissés par un partenaire rencontré dans le passé. Tout comme l'amour narcissique, cet amour-là permet d'idéaliser son partenaire. Les sentiments contradictoires, inhérents à toute relation amoureuse saine – « je t'aime, mais, franchement, parfois, tu m'agaces ! » –, sont totalement évités. C'est lorsque l'amour passe du virtuel au réel et que l'évitement n'est plus possible que la relation s'achève généralement.

Si votre rupture a eu lieu au moment où votre couple pouvait être enfin réuni, il se peut que vous ayez été pris dans un amour virtuel.

L'amour à sens unique

On évite, là encore, l'ambivalence, en cherchant à obtenir ce que l'on n'a pas et en s'en détournant une fois qu'on l'a obtenu : c'est le fameux « fuis-moi, je te suis ». Dans ce type de scénario, on est systématiquement attiré par des partenaires inaccessibles et on rejette tout aussi systématiquement les partenaires à qui on plaît. Ce faisant, on se cramponne à une image de prince charmant ou de princesse parfaite et on fantasme sur un partenaire qui sera exactement ce que l'on recherche, mais qui n'existe pas. Le fait d'être toujours attiré par un amour impossible permet de se dire : « Oui, mais lui, il était parfait pour moi... », sans être démenti par la réalité, puisque l'histoire n'a pas pu exister. Dans ce type d'amour, les ruptures sont souvent vécues comme un coup de malchance : « Quand quelqu'un me plaît, il me quitte ; les personnes qui s'attachent à moi, je m'en fiche en fait... »

L'amour sexuel

Dans l'amour sexuel, on obéit à son corps, on collectionne des histoires sans lendemain ou on maintient une relation dans la durée, mais sur une simple base sexuelle. Si vous êtes victime d'amour sexuel, vous n'attirez que ceux intéressés par les seules voluptés de votre corps, et vous vous retrouvez comme une vieille madeleine à vous lamenter sur l'insatisfaction d'un amour qui, en fait, n'a jamais existé. Ces amours-là recouvrent également tous les cas d'addictions sexuelles que je ne détaillerai pas ici.

Si vous avez connu ce type d'amour, alors votre relation était gouvernée par le sexe. Votre partenaire ne voulait jamais aller dans des endroits où vous ne pouviez pas coucher ensemble. Il semblait déçu ou refusait systématiquement toute présentation à vos amis, toute proposition de brunch, de déjeuner ou de balade romantique. Il vous répondait avec un air coquin : « Tu ne veux pas plutôt qu'on reste sous la couette ? » Quand vous êtes devenu un peu plus insistant sur la nécessité d'une « vraie » relation pour pouvoir partager autre chose que le sexe, il vous a quitté. Pour savoir si vous étiez vraiment dans une histoire de nature sexuelle, posez-vous cette question : « Si je retire le sexe de l'équation, que reste-t-il de cette relation, que m'apportait l'autre ? » Vous aurez votre réponse…

L'amour triangulaire

Dans l'amour triangulaire, il y a toujours un tiers. Ce tiers peut être une personne, une activité, voire un lieu. L'idée est que l'autre ne vous consacre jamais assez de temps. Il est toujours partagé entre vous et autre chose – vous et sa passion du tennis ou du chant, vous et son travail, vous et tout ce qui peut l'éloigner de vous. Il vous disait que son mariage était foutu et qu'il voulait continuer à vous voir. Il vous disait qu'il avait envie de passer du temps avec vous, mais continuait à rentrer tous les soirs du foot à 22 heures. En général, on n'est jamais gagnant dans le trio.

Il se peut aussi que ce soit vous qui ayez eu besoin de trianguler votre relation. Votre partenaire était souvent en déplacement pour son travail qui lui prenait beaucoup de temps (première triangulation) et vous vous êtes convaincue que vous vivriez mieux cette relation en prenant un amant (seconde triangulation). Quand votre partenaire l'a découvert, il vous a quittée.

Dans ce genre d'histoire, c'est souvent au moment où le tiers disparaît pour une raison ou une autre et qu'on pourrait enfin vivre une vraie relation « à deux » qu'il y a rupture.

L'amour interdit

L'amour interdit porte en lui-même sa définition. Il est dominé par l'idée qu'il est de toute façon impossible qu'une relation fonctionne ou même qu'elle existe. C'est le fantasme de Roméo et Juliette. Parmi les interdits les plus fréquents, on peut citer un partenaire marié, des différences religieuses incompatibles ou un amour condamné par vos amis ou votre famille.

L'amour codépendant

Cette forme d'amour concerne les personnes surprotectrices qui recherchent un partenaire présentant un besoin excessif de protection – s'il ne l'éprouve pas assez au moment de la rencontre, elles se chargent de le développer chez lui en prenant tout en charge. Dans ces amours-là, l'un polarise les responsabilités en assumant des tâches toujours plus nombreuses, de sorte que l'autre finit par se montrer totalement irresponsable. Cette polarisation est souvent cause d'échec et de séparation ; elle représente un genre particulier de codépendance.

Peut-être commencez-vous à reconnaître quelques caractéristiques de votre relation passée. Ce ne sont là que des exemples, rien ne vous empêche de définir votre propre type d'amour toxique avec ses propres caractéristiques !

Ce que disent les scientifiques

Pour mieux comprendre les motifs de rupture, Robi Friedman, qui est chercheur à l'Institut israélien d'étude des dynamiques de groupe (The Israeli Institute of Group Analysis), s'est intéressé au concept de « partenariat » au sein du couple (Friedman, 2007). Pour lui, ce concept implique un certain niveau de symétrie entre les personnes. Toutefois, même si, la majeure partie du temps, les couples sont relativement asymétriques, l'obstacle majeur semble être l'incapacité à faire face à la frustration provoquée par cette relation asymétrique plutôt que l'asymétrie elle-même. Un couple pourrait donc être relativement asymétrique, à condition, pour que le partenariat perdure, que les différences soient supportées par les deux partenaires. Or qui dit différence dit en effet besoins ponctuellement différents, envie de respirer ou de réaliser certaines choses individuellement, tout en ne se séparant pas. Si on ne peut pas allier individualité et dualité, alors le partenariat se brise. Ce concept d'interdépendance met l'accent sur la difficulté à gérer son propre besoin d'autonomie en même temps que la dépendance à l'autre que provoque une relation.

On peut aussi étudier la rupture comme un modèle mathématique. Pour le chercheur José-Manuel Rey (2010), si les premiers temps d'une relation amoureuse sont gouvernés par des processus biologiques, le maintien d'une relation appartient, quant à lui, plutôt à des « décisions rationnelles ». Les raisons des séparations ne tiennent pas seulement aux changements socio-économiques du XXe siècle ; il existe aussi un « paradoxe de l'échec » : la plupart des couples aspirent à rester ensemble, ils s'investissent dans leur relation, mais ils n'y arrivent pas. Cet échec résulte de l'écart entre ce que veulent profondément les membres d'un couple quand ils se mettent ensemble, à savoir réussir leur couple et rester ensemble à vie, et ce qu'ils mettent en place dans la réalité pour y arriver.

Rey a donc proposé d'anticiper sur l'évolution d'un couple à l'aide d'une loi thermodynamique qu'il applique aux interactions sentimentales. Dans cette équation, une relation va se détériorer si aucune énergie ne l'alimente – l'énergie représente les efforts fournis par les partenaires pour alimenter le couple. Au-delà du potentiel énergique global fourni, le meilleur indice de réussite d'un couple serait le fait que la différence d'énergie apportée par chaque partenaire reste tolérable. À l'inverse, plus le *gap* augmente et plus le partenaire qui fournit le plus d'énergie commence à éprouver un sentiment de solitude et de frustration qui devient insupportable. Par ailleurs, si chacun des partenaires ne reconnaît pas les efforts de l'autre, le couple entier s'épuise et l'écart augmente encore. Cette étude commence après la « lune de miel », quand les partenaires ressentent un engagement et un amour profonds et qu'ils sont prêts à tout faire pour que leur couple fonctionne. L'étude de Rey montre également que, même si les partenaires fournissent beaucoup d'énergie pour combler l'autre, l'évitement du conflit est un facteur important de risque de rupture. Pour Rey, les trois facteurs de risque menant à une rupture seraient donc : un gap d'énergie fournie trop important entre les deux partenaires, la non-reconnaissance des efforts de l'autre et, enfin, l'évitement du conflit.

Et vous dans tout ça ?

Toutes ces explications peuvent vous aider à mieux comprendre votre rupture. Toutefois, chaque couple étant unique, vos interactions passées avec votre ex le sont aussi. Rappelez-vous : pour pouvoir commencer un processus de deuil, il est important de comprendre. Si vous avez l'impression que vous ne comprenez pas les raisons de votre rupture : de-man-dez ! Si l'autre vous fournit des réponses trop vagues ou trop floues, expliquez-lui calmement que c'est important pour vous de comprendre pour pouvoir passer à autre chose.

Vous vous souvenez de Laura dont nous avons parlé dans un chapitre précédent ? Voici la lettre qu'elle a écrite à Frédéric après avoir appris qu'il avait une copine. Peut-être cela vous inspirera-t-il…

Fred,

Ne panique pas, cette lettre n'est pas une lettre d'insultes. J'ai simplement besoin de vraiment comprendre pour m'en sortir.

Quand tu m'as quittée, l'une des choses qui m'ont fait très mal, c'est que tu as réécrit notre histoire. Peut-être avais-tu besoin de rationaliser ta décision ou bien était-ce une défense, mais tu ne peux pas nier que l'on a été extrêmement heureux ensemble.

Ce qui est le plus incroyable, c'est qu'au-delà de m'avoir fait croire que tu m'aimais, tu m'avais convaincue du bien-fondé de notre relation et de notre futur commun, moi qui au début ne voulais même pas sortir avec toi.

Le pire, c'est que tu m'as dit que tu commençais à avoir des doutes en septembre – doutes que tu n'as absolument pas exprimés à l'époque –, alors que, moi, je me sentais de mieux en mieux depuis notre voyage cet été. Aucun signe n'aurait pu me faire comprendre que des éléments négatifs s'accumulaient pour toi, que la goutte d'eau allait tomber, que tu m'aimais moins et que tu voulais partir. Rien. Je ne pouvais donc rien faire pour stopper cette accumulation vu que je n'avais pas la moindre idée de ce qui se passait…

Moi, je t'aimais toujours autant et même davantage. Le jour où tu m'as demandé de vivre avec toi, tu ne peux pas t'imaginer ce que j'ai ressenti. J'étais tellement heureuse, c'était magique.

Comment pouvais-je à ce moment imaginer une seconde qu'une semaine plus tard, tu me quitterais ? Tu avais l'air tellement sûr de toi, tellement content de me dire ça, à genoux, si symbolique…

Finalement, tu me quittes et j'apprends avant-hier que tu as une nouvelle copine. En quelques jours, tu es passé d'« habitons ensemble » à « j'ai une nouvelle nana ». Le problème, c'est que je ne comprends pas ; chronologiquement, ce n'est pas possible.

Toute ton histoire de « je me suis voilé la face », tout ce que tu m'as dit sur ton incapacité à gérer mon caractère, je le comprends, je te l'ai déjà dit, on ne va pas en reparler. Par contre, il me semble impossible de se voiler la face à ce point-là.

Alors, Fred, j'ai besoin de savoir la vérité. Quand je t'ai demandé comment tout s'était déroulé, tu m'as reproché de te faire subir un interrogatoire. Ce n'est ni de l'investigation ni de la curiosité malsaine. J'ai besoin de comprendre ce qui s'est passé dans ton cœur, dans ta tête pour pouvoir passer à autre chose. J'ai besoin de la vérité. Comment as-tu pu me faire l'amour dimanche et coucher avec une autre fille quatre jours plus tard ? Je ne comprends pas. En tout cas, je comprends mieux ta froideur et pourquoi je ne te manquais pas, vu que tu étais déjà dans ses bras.

Je suis prête à tout entendre (ou plutôt à tout lire), même si tu m'as trompée. Je préfère savoir. Sinon, je n'arriverai jamais à passer à autre chose et je continuerai à me poser mille questions.

Tu l'as rencontrée à une réunion ? En soirée ? Dis-le-moi s'il te plaît. Explique-moi. Tu me dois au moins ça. Toi qui m'avais toujours juré de ne jamais me faire du mal, comment le Fred qui me prenait dans ses bras, me soulevait dans la rue en m'embrassant devant tout le monde, me faisait l'amour avec passion, comment ce Fred-là a-t-il pu me laisser du jour au lendemain et sortir avec une autre fille ?

Je t'en prie, aide-moi à oublier en m'expliquant.

Je sais que cette souffrance atroce qui me donne souvent envie de mourir mettra beaucoup de temps à partir. Je pense que même si je te hais

autant que je t'aime, les souvenirs vont me hanter encore très longtemps. Mais je suis sûre que si tu m'expliques, si tu me dis les choses, je mettrai moins de temps, car il ne restera plus que la douleur sans les questionnements incessants…
Pourquoi une histoire aussi jolie se termine-t-elle avec autant de souffrance et d'irrespect ?
C'est tellement dommage.

Au bout de quelques jours, Laura a obtenu ses explications et a pu donner un sens à sa rupture.

S'il est vraiment impossible pour l'autre de vous expliquer clairement ce qui s'est passé, alors laissez tomber, du moins provisoirement. Peut-être qu'à la fin de ce livre, vous aurez compris par vous-même le pourquoi du comment.

Tout comme Laura vous étiez peut-être sur le point d'habiter avec votre ex, d'acheter une maison ou de faire un bébé. Parfois, et en particulier quand leur couple commence à aller mal, les deux partenaires s'engagent dans un projet qui nécessite beaucoup d'énergie. C'est un processus d'évitement qui permet de mettre les vrais problèmes de côté.

Évidemment, quand le projet est bien lancé ou qu'il est parvenu à son terme – maison, bébé, réalisation professionnelle commune –, le couple est de nouveau obligé de faire face à ses vrais problèmes. S'ensuit généralement une série de disputes insoutenables, qui crée une ambiance extrêmement pesante et toxique, et une rupture.

Quand c'était perdu d'avance

Il existe également des cas de figure où l'on pouvait, dès le début, savoir qu'un couple était voué à l'échec. Un couple peut en effet être vicié dès l'origine. Après la rupture, on se demande alors comment on a pu en arriver là, alors qu'en réalité la seule question à se poser est : « Mais pourquoi s'était-on mis ensemble ? » Il existe en effet de mauvaises raisons de se mettre en couple, et il est important de les identifier et de les reconnaître, ne serait-ce que pour moins souffrir et pour ne pas les reproduire.

Si vous vous êtes mis en couple parce que :

– vous ne supportiez pas la solitude ;
– tous vos amis commençaient à construire leur vie amoureuse et vous vous sentiez en retard ;
– vous cherchiez n'importe quelle raison pour partir de chez vous, pour échapper à votre ville, à vos parents, à votre vie actuelle ;
– vous aviez un besoin compulsif de donner de l'amour ou d'en recevoir et vous étiez prêt à faire ce don à n'importe qui ;
– vous aviez l'impression que, pour atteindre un sentiment de complétude, pour se sentir entier, il fallait être en couple ;

alors, oui, votre histoire était probablement mal partie.

N'oubliez pas que, pour construire un couple, il faut d'abord apprendre à se construire seul. Si l'autre est votre béquille, il finira par s'épuiser et, s'il part, vous vous écroulerez. Apprenez à être un bon compagnon pour vous-même ; vous serez ensuite un bon compagnon pour l'autre. Et lorsque vous serez de nouveau en couple, n'oubliez pas de ne pas vous oublier ! Gardez toujours une part importante de votre temps pour vous et pour votre développement personnel.

Chapitre 6

Peut-on rester amis ?

Je vous dirais : cela dépend, mais pas tout de suite !

Avant de décider d'entamer une relation amicale avec votre ex, il faut que vous soyez sûr de vos intentions. Il est important que vous vous interrogiez d'abord, et longuement, sur vos sentiments actuels et sur les raisons qui vous poussent à vouloir garder ce lien.

– Voulez-vous être son ami(e), car c'est une stratégie pour retourner avec elle (lui) ?
– Voulez-vous être son ami(e) pour qu'il (elle) devienne votre *sexfriend* – et garder ainsi un lien qui ressemble à de l'amour ?
– Voulez-vous être son ami(e) parce que vous êtes « maso » et que vous préférez souffrir, mais être près de lui (elle), que de ne plus le (la) voir ?
– Voulez-vous être son ami(e), car vous serez ainsi au courant de toutes ses nouvelles histoires et que cela vous donnera l'impression de contrôler la situation ou, au moins, de garder un œil sur lui (elle) ?
– Voulez-vous être son ami(e), car vous avez concocté un plan diabolique pour le (la) faire souffrir et vous venger ?

Si vous avez répondu oui à l'une de ces questions, alors il est urgent de retarder votre projet amical ! Mieux vaut attendre le bon moment, lorsque vos intentions seront saines.

Les conditions d'une bonne entente

Une relation amicale avec un ex peut être extrêmement riche, profonde et sincère. Le fait que vous vous connaissiez de façon intime peut favoriser la complicité et une tendresse pure, simple et durable. Mais, attention, pour arriver à ce type de rapports, il faut du temps, avoir fait le deuil de son histoire d'amour et aucune ambiguïté ! On a constaté que ceux qui restaient en contact avec leur ex tout de suite après la rupture mettaient plus de temps à surmonter leur souffrance.

Plusieurs études scientifiques traitent de ce phénomène de l'amitié entre ex (Villela, 2010). Au vu des résultats qui ont été observés, il semble bien que différents facteurs soient propices à la construction d'une telle amitié. Ainsi il a été constaté que plus les souvenirs de la relation amoureuse étaient positifs et plus la possibilité de cette amitié était grande. Les personnes les plus enclines à devenir amies avec leur ex sont aussi celles qui ressentent un sentiment de satisfaction dans leur vie, qui ont une bonne capacité d'adaptation et qui sont géographiquement capables d'avoir des communications régulières avec leur ex. Il est également nécessaire que les deux personnes ne se sentent pas en déséquilibre émotionnel l'une par rapport à l'autre et qu'elles soient d'accord sur le déroulement de la relation et les raisons de la rupture.

Il a été par ailleurs constaté qu'une relation amicale entre ex est plus probable et plus facile si les partenaires étaient amis avant de sortir ensemble. À l'inverse, le manque de soutien de la famille et des amis ainsi que la quantité de conflits survenus pendant la relation sont des obstacles à l'amitié entre ex.

Quand il faut faire avec

Malheureusement, il peut arriver qu'on n'ait pas vraiment le choix. Si vous partagez le même travail ou les mêmes amis, vous allez continuer à vous voir.

Essayez, si c'est possible, d'aménager un temps où vous ne vous voyez plus – sans pour autant vous punir en vous privant de vos amis ou en vous mettant en difficulté professionnelle. Demandez à vos amis d'alterner les soirées avec lui et avec vous une fois sur deux pendant au moins un à deux mois, évitez-le au maximum au bureau ou si possible prenez des congés quelque temps. Soyez créatif pendant quelques semaines pour ne pas le voir !

Si c'est techniquement compliqué – par exemple c'est votre coloc de bureau –, ne vous inquiétez pas, c'est une difficulté supplémentaire qui s'ajoute au bon déroulement de votre processus de deuil, mais celle-ci ne remet pas en cause vos chances de rétablissement. La période de sevrage sera peut-être plus longue et douloureuse, mais vous y arriverez quand même.

L'autre facteur qui peut vous contraindre à garder le contact avec votre ex, ce sont les enfants. En effet, avoir des enfants en commun rend souvent la rupture plus compliquée. Vos enfants vous rappelleront sans cesse l'attachement que vous avez à votre ex, ils vous parleront souvent de papa ou de maman et de ce qu'il ou elle fait, et vous serez bien obligé de rester en contact pour les questions de garde, de week-ends ou d'éducation. Dans ces conditions, un sevrage est difficile et les piqûres de rappel nombreuses : sans être obligés d'être amis, vous vous devez de garder des relations cordiales et de ne pas placer vos enfants dans un conflit de loyauté qui serait extrêmement destructeur pour eux.

Chapitre 7

Et quand il y a des enfants au milieu ?

Je l'ai dit, une rupture amoureuse se complique quand il y a des enfants au milieu parce que, en plus de devoir gérer votre souffrance, il va vous falloir gérer la leur. À moins que le couple ait vécu dans une ambiance toxique et conflictuelle au point de l'amener à ardemment désirer la séparation de ses parents, un enfant sera toujours bouleversé par une séparation, qu'elle soit entre son père et sa mère ou entre un parent et un beau-parent – dans ce dernier cas, il s'était déjà reconstruit un équilibre à travers ce nouveau couple parental, et il lui faut se réadapter encore une fois.

Le divorce et les familles recomposées sont devenus d'une grande banalité à notre époque. Mais la banalité ne diminue pas la souffrance. Ce n'est pas parce que tous les parents des amis de Simon sont divorcés que Simon va comprendre et qu'il aura moins de peine.

Voici donc quelques conseils pour vous aider à aider votre enfant :

• *Laissez-le faire son deuil.* Les enfants peuvent avoir un processus de deuil plus long que les adultes. Permettez-lui de prendre le temps nécessaire. Surtout, il faut qu'il puisse s'exprimer sur ce qui lui fait de la peine ou, simplement, qu'il puisse parler de celui qui est parti. Si vous déclarez que le sujet « partenaire parti » est tabou, cela sera terrible pour votre enfant. Vous augmenterez sa souffrance et l'empêcherez de faire son deuil.

• *Répondez à ses questions et surtout ne mentez pas.* Souvent, les parents décident de cacher la vérité, de mentir par omission ou carrément de raconter une histoire fausse sous prétexte de protéger leur enfant. Sachez que votre enfant sentira qu'on ne lui dit pas tout et que cela augmentera son sentiment d'incompréhension et son malaise. Expliquez-lui plutôt ce qui se passe en adaptant votre vocabulaire à son âge. Ne dévalorisez pas celui ou celle qui a quitté le foyer. Ne devancez pas ses questions, mais répondez-y avec des mots simples. Faites-lui savoir que vous êtes disponible pour répondre à ses questions s'il en a.

• *Expliquez plusieurs fois.* Plus votre enfant est petit, plus vous devrez répéter les explications. Ne pensez pas que, puisque vous avez eu une bonne grosse discussion adaptée avec votre petite fille de 5 ans, cela a suffi. Assurez-vous régulièrement qu'elle a bien intégré les événements – sans pour autant la harceler en vérifiant tous les deux jours, bien sûr ! Au début, une fois tous les quinze jours me semble une bonne moyenne pour des enfants jusqu'à 8 ans ; au-delà de 8 ans, attendez plutôt qu'il vous demande de nouvelles explications. Il est évidemment très difficile de définir la fréquence idéale dans la mesure où chaque enfant possède sa propre maturité. S'il vous dit : « C'est bon, lâche-moi, j'ai compris ! », arrêtez de lui en parler ! C'est votre enfant qui va vous aider à doser. Soyez à l'écoute de ses besoins. Si vraiment vous vous sentez démuni et que vous avez peur d'en dire trop, pas assez ou avec les mauvais mots, vous pouvez consulter un psychologue ou un psychiatre spécialisé en psychologie de l'enfant ou en guidance parentale, il pourra vous aider.

• *Ne racontez pas les détails.* Votre enfant n'est pas votre confident, quel que soit son âge. Même s'il est adolescent et que vous pensez qu'il est suffisamment « mûr pour comprendre », il n'a pas besoin de savoir que votre mari a couché avec votre meilleure amie ou que votre petite copine, celle qu'il aimait tant, vous a dit qu'elle ne supportait plus vos gosses et qu'elle préférait aller s'éclater au Club Med... N'oubliez jamais que votre enfant souffre aussi. Quel que soit son âge, il n'est pas là pour assumer votre douleur. Défoulez-vous sur vos amis ou sur votre famille, mais votre enfant, lui, a besoin de voir que ses repères et ses piliers ne s'effondrent pas.

Maintenant que vous cernez un peu mieux les éléments qui composent une rupture, nous allons explorer les différentes méthodes qui vont vous permettre d'en sortir.

DEUXIÈME PARTIE

« Je veux m'en sortir ! »

Comprendre les bases de ma thérapie

Lorsqu'on commence un travail sur soi, que ce soit avec un professionnel ou seul, il est important de comprendre ce que l'on fait et pourquoi on le fait. Nous allons donc explorer ensemble les différentes méthodes qui sont utiles pour surmonter une rupture amoureuse. Vous serez ainsi armé de toutes les connaissances nécessaires quand nous commencerons la partie pratique.

Chapitre 1

Émotions, pensées, comportements

Les bienfaits de la thérapie cognitive et comportementale

Votre rupture amoureuse engendre chez vous de nombreuses émotions et pensées ; elle provoque des comportements qui peuvent paraître inadaptés aux yeux d'autrui. Par exemple, vous vous mettez à pleurer en plein dîner sans raison apparente, vous ne supportez plus de voir des couples dans la rue ou encore vous êtes envahi par des émotions sans comprendre à quoi elles sont rattachées ou même sans identifier exactement ce qu'elles sont. La thérapie cognitive et comportementale va vous aider à comprendre ce qui vous arrive. Vous allez vous concentrer sur l'ici et maintenant de votre rupture. C'est un travail méthodique qui va vous permettre de modifier ce qui perturbe votre vie.

Que se passe-t-il en moi aujourd'hui ?

Dans la thérapie cognitivo-comportementale, on s'intéresse à la pensée et à ses processus à travers trois dimensions :

• *La dimension cognitive* (perceptions, souvenirs, réflexions...). C'est tout ce qui concerne votre pensée, tout ce que vous vous dites, tout ce que vous imaginez sur votre ex et le fait qu'il soit parti.

• *La dimension affective* (plaisir, souffrance, indifférence...). Il s'agit ici de toutes les émotions et de tous les sentiments provoqués par votre rupture amoureuse.

• *La dimension motrice* (actions, expressions corporelles...). Ce sont les comportements et les sensations physiques liés aux deux précédentes dimensions.

Voici un exemple pour vous aider à mieux comprendre ces trois dimensions :

1. Je pense à mon ex et je me dis qu'il m'a trahi et abandonné (dimension cognitive).

   Donc :
2. Je ressens une grande tristesse et de l'injustice (dimension affective).

   Donc :
3. Je pleure, je m'enferme chez moi et je ne parle plus à personne (dimension motrice).

Évidemment, pour pouvoir agir sur quoi que ce soit, il faut savoir correctement l'identifier. Il est très courant de mélanger pensées, émotions et comportements. Le souci est que, si on se trompe de cible, l'action sera inefficace. Nous allons donc maintenant voir chacune de ces trois dimensions. Ce petit rappel vous servira pour la suite.

Mes pensées

Notre organisme traite les informations ou messages qui viennent de l'extérieur en fonction de schémas cognitifs inconscients et acquis. Ces schémas sont des croyances développées dans l'enfance, des représentations organisées d'expériences précoces et stockées dans notre mémoire à long terme.

Par exemple, si vous avez vécu des expériences d'abandon quand vous étiez petit, vous avez stocké dans votre mémoire l'idée que tout le monde vous abandonne. Alors, lorsque votre amoureux vous a quitté (message extérieur), vous vous êtes dit : « C'est normal tout le monde m'abandonne » (cognition). Nos cognitions ou pensées sont donc influencées par nos schémas cognitifs (voir chapitre 2, p. 77).

Mes émotions et sentiments

Les émotions entraînent des sensations physiques, plaisantes ou non, résultant de modifications physiologiques en réponse à des stimuli environnementaux.

Par exemple, votre téléphone sonne, vous voyez le nom de votre ex s'afficher (stimulus environnemental), vous êtes envahi par l'angoisse (émotion), votre cerveau décharge de l'adrénaline (modification physiologique), votre cœur se met à battre très vite, vous transpirez et vous avez des vertiges (sensations physiques). Il est difficile de préciser exactement dans quel ordre viennent ces éléments, car cela se fait quasi simultanément, mais les émotions et les sensations physiques sont intimement liées.

Mon comportement

Le comportement est une action manifeste, directement ou indirectement observable, qui se distingue des phénomènes psychiques internes (cognitions et émotions). Votre comportement est ce que vous faites, observable par les autres ou non. Par exemple, ruminer intérieurement et de faire semblant que tout va bien alors que vous ne faites que penser à votre ex est un comportement. Je crie, pleure, boude dès qu'on essaye de me faire penser à autre chose, je mange et bois à outrance pour noyer mon chagrin, j'évite toutes les situations sociales sont d'autres comportements possibles.

Ce qui provoque votre comportement est le stimulus. Si le stimulus ne reste pas trop longtemps et ne se répète pas, le comportement disparaît. Si, au contraire, il se répète, le comportement va s'ancrer et se généraliser à d'autres situations similaires. Ainsi, si vous subissez rupture sur rupture, vous allez commencer à éviter d'entrer en contact avec quelqu'un de peur d'être de nouveau déçu. Votre comportement peut se généraliser et, quinze ans après, vous serez toujours seul sans comprendre comment vous en êtes arrivé là. Vous pourrez même avoir généralisé ce comportement de repli à votre entourage social, allant jusqu'à vous isoler de vos amis.

Voyons maintenant d'autres notions utilisées en thérapie cognitive et comportementale ; elles nous seront fort utiles pour comprendre certains ressentis de votre rupture amoureuse.

Pour résumer

Nos émotions modifient nos pensées et nos comportements. Elles sont involontaires et surviennent de façon non rationnelle. C'est ce que vous ressentez « dans votre cœur » : tristesse, angoisse, colère, culpabilité, etc.

Ces émotions sont provoquées par des pensées qui sont elles-mêmes réalimentées par nos émotions. Elles vont avoir une action sur notre interprétation des situations. Par exemple, submergé par la tristesse liée à votre rupture et envahi par un sentiment d'abandon, vous allez interpréter toutes les situations en ce sens. Si votre copine est débordée au travail et ne peut pas se libérer pour venir vous consoler, vous allez vous dire qu'elle aussi vous abandonne et ne vous aime plus, alors qu'en réalité elle ne peut vraiment pas faire autrement.

À chaque émotion correspond aussi une sensation physique. C'est ce que vous ressentez dans votre corps. Donc, quand votre copine vous a dit qu'elle ne pouvait pas venir, vous avez peut-être ressenti une boule dans la gorge et des tensions musculaires.

Quand l'espoir disparaît

Pour expliquer le sentiment d'impuissance et de désespoir que l'on peut ressentir dans une dépression, Seligman a développé la théorie de l'« impuissance apprise » (Seligman, 1992). Ces sentiments de désespoir et d'impuissance peuvent également être présents dans une rupture amoureuse. Si quelqu'un n'a aucun moyen de contrôler un événement douloureux qu'il subit, c'est-à-dire qu'il ne peut ni arrêter la douleur ni comprendre comment se sortir de l'événement, il va en résulter une impression de ne plus pouvoir être capable de faire quoi que ce soit, d'avoir perdu toute volonté, un sentiment d'inefficacité et de découragement.

Dans une rupture amoureuse, on peut faire l'expérience de l'impuissance apprise. On devient persuadé qu'il n'y a plus rien à faire et qu'on sera malheureux en amour toute sa vie. Lorsqu'on n'arrive plus à percevoir de solutions à sa souffrance, on entre dans un désespoir profond et on abandonne. Ce sentiment en sera d'autant plus renforcé qu'on en est à sa énième rupture.

Pour sortir de cette impuissance, il vous faut reprendre confiance en vos ressources psychiques ainsi qu'en votre capacité de vous en sortir et de changer le cours de votre souffrance. C'est ce que vous êtes en train de faire en lisant ce livre !

Comment est-ce que ma tête fonctionne ?

Dans une rupture amoureuse, la rumination de pensées désagréables occupe souvent la majeure partie de la journée. C'est pourquoi il est très important de travailler sur ses cognitions. Nous allons donc revenir avec un peu plus de détails sur le mode d'emploi de votre machine à penser.

Les théories cognitives reposent sur l'étude du traitement de l'information. Elles étudient les processus de la pensée qui filtrent et organisent les événements environnementaux d'un individu. Dans ce livre, nous utiliserons beaucoup la théorie de Beck. Il est donc important d'en apprivoiser les notions clés (Beck, 2010).

Afin que vous puissiez vous repérer dans ce chapitre, nous allons d'abord visualiser ces différents mécanismes à l'aide d'un schéma :

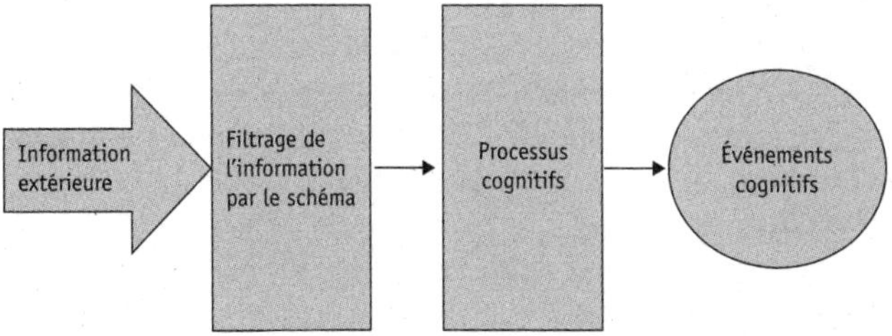

Mode d'emploi de mon cerveau

Les informations extérieures

Ce sont tous les événements qui vont vous arriver. Votre rupture amoureuse, les conversations que vous allez avoir avec votre ex ou vos amis, les réactions de votre entourage, les situations que vous allez vivre. Nous verrons plus en détail, dans le chapitre suivant, ce qu'il en est des schémas. Pour le moment, disons que ce sont des structures qui vont venir filtrer l'information ou l'événement.

Les processus cognitifs

Les processus cognitifs, ou opérations cognitives, servent à comprendre comment les structures cognitives profondes (les schémas) sont traduites en structures de surface (les événements). Ce sont les mécanismes qui vous permettent d'interpréter une information. Parmi les différents processus cognitifs qui nous intéressent pour mieux comprendre une rupture amoureuse, on peut citer :

• *La minimisation*, quand on déprécie ses réussites et ses résultats positifs. Par exemple, vous avez réussi à ne pas téléphoner à votre ex pendant quinze jours et vous allez minimiser votre réussite en disant que c'était parce que vous étiez à l'étranger.

• *L'inférence arbitraire*, quand on émet une conclusion sans lien logique avec la réalité. Ainsi, dans une phrase qui commence par « si… » et se poursuit par « alors… », le « alors… » est en général décalé par rapport à la réalité. Exemple ? « Si Julien ne me rappelle pas dans quinze minutes, alors c'est qu'il s'en fiche de moi… »

• *La surgénéralisation*, quand on considère un cas singulier comme une règle générale. Exemples ? « Je ne serais JAMAIS heureuse en couple… » ; « Les femmes sont TOUTES des menteuses ! » ; « TOUS les hommes sont infidèles… », etc.

• *L'abstraction sélective*, lorsqu'on se fonde juste sur un détail négatif dans une situation et qu'on l'utilise hors de son contexte initial. Exemple ? Si votre chéri vous félicite sur votre délicieux repas mais vous dit que le chauffage était un peu trop fort, vous n'allez retenir que la dernière partie et en conclure que votre dîner était une catastrophe et qu'il a détesté…

• *La personnalisation*, quand on s'attribue la responsabilité d'événements négatifs. Exemple ? « Si mon histoire n'a pas marché, c'est parce que je faisais trop de crises de jalousie… »

• *La maximalisation*, quand on donne une plus grande importance aux événements négatifs, à ses défauts et ses erreurs. Exemple ? « Je suis inapte à toute relation amoureuse, car je suis trop carriériste. »

• *Les fameux « il faut… », « je dois… »*. Chaque fois que vous utilisez ce genre de formulation – « je ne dois pas être triste… », « il ne faut pas que je me lamente… », « je dois sortir et faire des choses… » –, vous ajoutez de la pression et de l'angoisse à votre humeur initiale. Par ailleurs, notre cerveau est très taquin et chaque fois que vous utilisez cette formulation, il a envie de faire l'inverse. Avez-vous remarqué que lorsque vous êtes en soirée et que vous dites « il faut que j'y aille… », vous êtes encore là une heure après ?

Tous ces processus cognitifs sont des distorsions cognitives, c'est-à-dire des erreurs de logique de pensée. Ils modifient l'interprétation que vous faites des situations et créent ou ajoutent une couche de souffrance. Par exemple, si l'événement est « mon ex m'appelle pour venir récupérer ses affaires » et que vos processus cognitifs sont à l'inférence arbitraire et au « il faut/je dois », cela va entraîner un événement cognitif du type : « S'il veut reprendre ses affaires, c'est qu'il m'a déjà oublié ; il ne faut pas que je lui montre que cela me touche... »

Les événements cognitifs

Les événements cognitifs sont donc les conséquences du traitement de l'information par nos schémas et nos processus cognitifs. Parmi les événements cognitifs, il faut insister notamment sur les pensées automatiques et la triade cognitive.

➤ Les pensées automatiques

Elles sont rapides, tranchantes et de nature toujours négative. Elles sont souvent propres à une situation. Lorsque vous êtes face à une situation désagréable, cela enclenche un flot de pensées automatiques en lien avec cette situation. Ces pensées sont envoyées et influencées par vos schémas ; nous y reviendrons au chapitre suivant. En fait, les pensées automatiques, c'est ce que vous vous dites lorsque vous êtes face à une situation. Elles restent dans votre tête de façon fraîche pendant les 20 à 30 minutes qui suivent la situation. Ensuite, elles se transforment en pensées élaborées.

Lucie, 40 ans, vient me voir suite à un nouvel échec amoureux. Voici les pensées automatiques qu'elle me rapporte suite à sa rupture :

– Il n'a pas donné sa chance à notre relation.

– Je n'ai encore suscité aucun sentiment chez l'autre…
– L'avenir n'est pas gai.
– Mes espoirs sont anéantis.
– Je ne construirai jamais rien.
– Je n'ai pas su réagir à ce qu'il disait.
– J'ai été trop disponible.
– Je ne rassure pas l'autre.
– J'ai mis trop d'attentes dans cette relation.
– Je dois dégager quelque chose d'insupportable pour l'autre.
– L'autre a un pouvoir sur moi.

Ben, lui, a dû quitter sa copine, car cette relation provoquait chez lui des crises d'angoisse. Même si c'est lui qui a mis fin à cette histoire, il en est très triste. Voici les pensées automatiques qu'il arrive à identifier concernant sa rupture et ses futures relations :

– Je ne suis pas à la hauteur…
– Je ne supporte pas que quelqu'un me mette dans cet état-là.
– Quoi que je fasse, je ne pourrais pas aller mieux…
– Je ne vivrai que des échecs.
– Si je m'ouvre à quelqu'un, je vais souffrir.
– Je suis un mauvais amant.
– Je ne donne pas assez.
– Il n'y a aucune raison qu'une personne veuille de moi.
– Mon vrai moi ferait fuir.
– Je ne suis pas apte à juger correctement si une relation va marcher ou pas.
– Je dois être irréprochable.
– Si je me mets dans une autre relation, je serai prisonnier.
– Je ne peux pas m'autoriser à tomber amoureux.

➤ La « triade cognitive »

La triade cognitive est composée de trois pensées automatiques ayant un caractère plus général et global :

1. *Une vision négative de l'environnement* : « les garçons sont tous nuls » ; « les filles sont toutes des menteuses… ».
2. *Une vision négative du futur* : « je ne vais jamais m'en sortir » ; « je vais rester célibataire toute ma vie ».
3. *Une vision négative de soi* : « je ne vaux rien » ; « je ne mérite pas d'être heureux et en couple ».

Les pensées automatiques et la triade cognitive sont conscientes et verbalisées. C'est le discours que vous allez tenir aux autres ou à vous-même. Les processus cognitifs sont un peu plus inconscients et il faut y réfléchir pour les trouver. Vous pouvez maintenant commencer à vous entraîner à repérer vos processus et vos événements cognitifs.

Chapitre 2

Et si on creusait un peu plus ?

La thérapie des schémas

Vous avez dit schémas ?

La thérapie des schémas découle de la thérapie cognitive mise au point par Aron Beck dans les années 1960. C'est une thérapie intégrative qui englobe des techniques cognitives et comportementales, des techniques psychanalytiques et des techniques existentielles humanistes (*Gestalt*) ; elle fait aussi une place à la théorie de l'attachement et au constructivisme.

Jeffrey Young est l'un des précurseurs de la thérapie des schémas (Young *et al.*, 2005). Pour lui, un schéma est une disposition qui prend sa source dans l'enfance et qui exerce une influence sur notre façon de penser et d'agir ainsi que sur nos relations avec nos semblables.

Nos schémas peuvent agir dans tous les domaines de notre vie ou se focaliser sur un seul ; ils peuvent être légers et relativement flexibles ou bien, au contraire, très rigides. Certains sont actifs, c'est-à-dire qu'ils agissent sur notre comportement, nos pensées et nos émotions ; ils entraînent une souffrance dans la majeure partie des cas. D'autres sont à l'état latent, c'est-à-dire qu'ils sont présents, mais « endormis » : les personnes n'en souffrent pas particulièrement, mais doivent quand même rester vigilantes, car ils sont potentiellement activables.

Souvent, les patients qui viennent me voir suite à une rupture amoureuse n'en sont pas à leur premier essai. Ils ont déjà subi par le passé de multiples échecs amoureux et cette répétition a amplifié leur souffrance, leur incompréhension et leur peur de recommencer. Ces patients-là sont coincés dans la répétition d'un scénario amoureux guidé par leurs schémas.

Néanmoins, même si c'est votre première rupture, vous pouvez également porter en vous des schémas qui conditionnent votre façon trop intense de vivre les événements ou d'éprouver des émotions disproportionnées. Si vous n'êtes pas dans le cas d'une répétition d'échecs, prenez quand même très au sérieux ce chapitre, car il vaut toujours mieux prévenir que guérir !

Vous pouvez imaginer vos schémas comme des petits monstres dans votre tête qui vous envoient des pensées automatiques et vous conduisent vers des relations toxiques afin de se maintenir en vie. Travailler sur vos schémas, ce que nous allons faire ensemble dans ce livre, va vous permettre de voir ce qui s'est joué (ou rejoué) jusqu'à maintenant dans vos relations amoureuses, de comprendre pourquoi elles n'ont pas marché et surtout de ne pas refaire les mêmes erreurs. L'objectif est que, à la fin de ce travail, vous soyez prêt à vous engager dans une relation saine et que vous ayez appris à détecter les pièges de vos schémas.

Les schémas que nous portons en nous peuvent avoir une origine traumatique (par exemple un décès, un abus, un accident grave) ; ils peuvent aussi être causés par des expériences nocives qui se sont répétées au cours de notre vie : c'est l'effet cumulatif de ces différents « petits moments douloureux » qui conduit alors à leur apparition. L'accumulation de ces expériences de vie ne sera pas forcément détectée tout de suite comme toxique. Par exemple, vous pensiez que le divorce de vos parents ou les nombreuses absences de votre père étaient des événements banals qui n'avaient pas affecté votre vie plus que ça. Aujourd'hui, vous vous rendez compte que cela a déclenché en vous un sentiment d'insécurité permanent et une peur de l'abandon.

Les schémas jouent un rôle majeur dans la façon que nous avons de penser, de ressentir, d'agir et d'entrer en relation avec les autres. Ils peuvent avoir différents niveaux de gravité. Plus le schéma est sévère et plus les situations qui l'activeront seront nombreuses.

La majorité des schémas se construisent donc dans l'enfance. Un enfant qui subit de façon répétée les mêmes douleurs, les mêmes manques finit par penser que ce qu'il vit est la norme et qu'il est donc « normal » de recevoir ou ne pas recevoir certaines choses. Il s'attendra à ce mode de fonctionnement toute sa vie et, dans sa vie d'adulte, se dirigera vers des relations qui l'amèneront à reproduire ce qu'il a vécu enfant afin de ne pas bousculer l'équilibre précaire qu'il s'est construit.

En effet, dans l'enfance, notre schéma nous servait à nous adapter à un milieu familial ou amical particulier. Cette façon de voir les choses était alors réaliste et justifiée. Lorsque nous devenons adultes, ce schéma se cristallise et la façon dont nous réagissions petit n'est plus adaptée à notre vie d'adulte. Nous souffrons donc d'un schéma précoce inadapté.

D'où viennent mes schémas ?

Nos schémas ont trois origines : nos besoins émotionnels de base, nos expériences précoces de la vie et notre tempérament émotionnel qui est génétique.

Les besoins fondamentaux de l'enfant

Les enfants ont ce qu'on appelle des besoins fondamentaux, autrement dit des besoins quasi vitaux qui leur permettent de se développer correctement psychiquement et physiquement. Si ces besoins ne sont pas respectés ou comblés, ils entraînent une grande souffrance et engendrent la formation de schémas. On estime que six besoins fondamentaux donnent naissance à des schémas lorsqu'ils ne sont pas respectés (Young *et al.*, 2005). Ils concernent :

1. *La sécurité* est l'un des sentiments les plus essentiels. C'est parfois une question de vie ou de mort, en particulier pour le bébé qui ne peut se protéger tout seul. C'est la capacité qu'ont les parents à procurer de la stabilité, un environnement contenant et sécure à leur enfant. Un enfant doit pouvoir se sentir accepté de façon inconditionnelle par ses parents. Or ce sentiment peut être malmené par des abandons, des divorces, des abus divers, de la maltraitance physique et psychique ou, simplement, par un parent dégageant une trop grande fragilité.
2. *Les relations interpersonnelles* incluent l'amour, l'attention, l'empathie, le respect, l'affection et les conseils prodigués à l'enfant.
3. *L'autonomie* est la capacité qu'ont les parents à laisser leur enfant découvrir le monde par lui-même, se débrouiller tout seul. L'enfant va ainsi pouvoir se détacher de ses parents sans angoisse. Par ailleurs, si l'enfant a été trop vite et trop tôt autonomisé, il ne pourra pas ressentir la sécurité nécessaire qui lui permet de découvrir la vie.
4. *L'estime de soi* est le fait de se sentir respecté et aimé par les membres de sa famille et ses amis. Quand ce besoin est respecté, les parents savent féliciter et complimenter l'enfant de façon adaptée.

5. *L'expression de soi* est le droit qu'a l'enfant d'exprimer ses émotions, ses pensées, ses besoins. Ces expressions sont écoutées, entendues et respectées.
6. *La fixation de limites réalistes* est le fait d'être capable de poser des règles, des limites permettant de cadrer le comportement d'un enfant. Lorsque ce besoin n'est pas respecté, les enfants sont soit trop brimés, soit trop gâtés.

Les expériences précoces de la vie

On considère ici que quatre types d'expériences précoces conduisent à la formation de schémas inadaptés. Ce sont :

1. La frustration des besoins : il manque à l'enfant certains éléments fondamentaux (voir ceux que nous avons décrits plus haut, par exemple).
2. La traumatisation (ou victimisation) : l'enfant est maltraité physiquement ou psychiquement.
3. L'excès de satisfaction des besoins : les parents surprotègent leur enfant, ils s'impliquent trop dans sa vie ou lui donnent un excès de liberté.
4. L'internalisation ou identification sélective avec des personnes importantes. L'enfant « copie » alors la personnalité, le comportement ou les ressentis d'un parent ou d'un ami. Par exemple, si la mère de Tom a trompé son père, Tom pourra s'identifier à la détresse de son père et avoir peur d'être trompé toute sa vie.

Le tempérament émotionnel

La façon dont un enfant vit une expérience précoce va être également influencée par son tempérament émotionnel. Le tempérament est inné, c'est le terrain avec lequel on est né.

Si certains comportements parentaux sont totalement contraires au tempérament de l'enfant, celui-ci ne pourra les assimiler – par exemple, un enfant au tempérament trop agité ou anxieux aura du mal à « assimiler » un comportement parental calme. Il ne pourra pas apprendre à être calme même en voyant l'attitude de ses parents. C'est le tempérament qui fait que deux enfants d'une même fratrie réagiront de façon différente à un même comportement parental. C'est une prédisposition émotionnelle à certains événements de vie.

Et vous dans tout ça ?

Avez-vous repéré que l'un des besoins fondamentaux listés plus haut n'a pas été respecté au cours de votre enfance ? Pouvez-vous identifier quels types d'expériences précoces vous avez vécus ? Connaissez-vous votre tempérament émotionnel de base ?

Il peut être très difficile de répondre à ces questions, car, à part pour le tempérament, cela revient à « blâmer » ses parents pour des erreurs qu'ils auraient commises. C'est très culpabilisant, et on se sent comme une mauvaise fille, ou un mauvais garçon, d'oser critiquer ainsi les personnes qui nous ont mis au monde et se sont occupées de nous comme elles ont pu.

L'objectif ici n'est évidemment pas de vous amener à faire le procès de vos parents, voire à rompre les liens, bien au contraire. Toutefois, pour pouvoir avancer, il est important de reconnaître quelle a été la souffrance de notre « petit nous », identifier ce dont il a manqué et quelles en sont les conséquences sur notre « grand nous » d'aujourd'hui. Il faut donc s'autoriser, à un moment donné, à critiquer les erreurs de ses parents. Cela ne veut pas dire que vous les aimez moins ou que vous êtes ingrat ; cela veut seulement dire que vous devenez un peu plus bienveillant avec vous-même et que vous prenez en compte vos souffrances profondes.

Il y aura peut-être des moments pendant la lecture de ce livre où vous aurez envie d'aller déballer leurs quatre vérités à vos parents ou à certains proches. Attention ! Il n'est pas interdit d'aller partager ce que l'on éprouve, mais cela ne doit pas se faire n'importe comment ni à n'importe quel moment : vous risqueriez de provoquer un conflit, ce qui, je le répète, n'est pas le but. Attendez plutôt d'avoir suffisamment travaillé sur vous-même et de ne pas être trop envahi par vos émotions.

Comment fonctionnent mes schémas ?

Maintenant que vous avez compris ce qu'est un schéma et comment il est constitué, il est important que vous sachiez comment il fonctionne. En effet, vos schémas peuvent agir dans vos relations amoureuses et certains peuvent être particulièrement activés lors d'une rupture.

Quels qu'ils soient, vos schémas vont vous envoyer des pensées automatiques qui, à leur tour, provoqueront des émotions qui vont venir réalimenter ces pensées. Ces schémas, pour se maintenir, vont vous amener vers des situations dont la conclusion viendra renforcer le schéma. Ces situations sont appelées « scénarios de vie ». Ces scénarios de vie auront donc tendance à se répéter et vous vous direz alors par exemple : « Mais comment ça se fait que je tombe toujours sur des hommes déjà en couple ? » ou encore : « Mais pourquoi je me retrouve toujours avec des filles dépressives ? »

Afin que vous puissiez mieux visualiser ce fonctionnement, voici un schéma pour vous aider à vous repérer. J'ai pris pour exemple le schéma méfiance/abus et le schéma abandon (détaillés ci-après), car ce sont deux schémas que l'on retrouve classiquement dans les ruptures amoureuses.

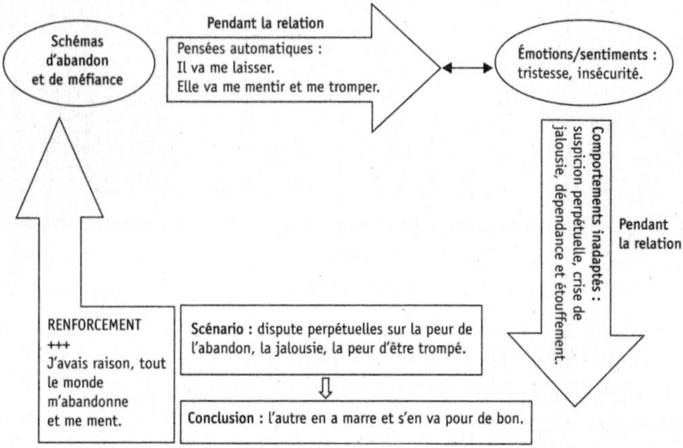

L'autoalimentation de mon schéma

Mais concrètement ça donne quoi ?

Comme je l'ai dit plus haut, les schémas nous conduisent à répéter des scénarios de vie. Nous pouvons avoir plusieurs schémas qui conduisent à plusieurs scénarios de vie qui viendront alors renforcer lesdits schémas. Par exemple, si vous avez des angoisses d'abandon associées à un schéma de méfiance, votre schéma va vous envoyer des pensées du type : « Il va forcément trouver quelqu'un de mieux que moi et partir » ou ; « Je suis sûre qu'il me trompe. » Vous allez enclencher le scénario et adopter un comportement envahissant, traquant les moindres faits et gestes de votre moitié et la harcelant avec vos soupçons permanents. Votre moitié va finir par en avoir marre et par partir (conclusion du scénario), et vous pourrez vous dire alors : « Bah voilà, je le savais, je le savais qu'il m'abandonnerait. » Et hop, vous renforcez ainsi votre schéma !

Comment est-ce que je réagis ?

Il existe trois façons de réagir face à un schéma : la compensation, l'évitement et le maintien.

La compensation

Vous allez avoir tendance à aller à l'encontre de votre schéma. Comme si vous luttiez. Pour le schéma d'abandon, par exemple, vous allez systématiquement quitter votre partenaire avant qu'il ne vous quitte. Dans le schéma de dépendance, vous allez vouloir vous débrouiller toujours seul sans l'aide de personne ; vous pouvez avoir tendance à adopter un comportement ultra-assuré, en mode *warrior* (« même pas peur, même pas mal »). Dans un schéma de carence affective, vous allez être froid et distant. Dans un schéma d'imperfection, vous allez sans cesse vous vanter et crier à tout-va que votre ex ne sait pas ce qu'il a perdu. Dans un schéma de contrôle émotionnel, vous allez vous mettre systématiquement avec des partenaires ultra-émotifs. Pour résumer, si vous compensez, alors vous êtes en guerre avec votre schéma. Le souci est que cette guerre n'est pas consciente et qu'elle est donc relativement inefficace et usante d'un point de vue énergétique.

L'évitement

Courage, fuyons, telle pourrait être votre devise. Avec ce comportement, vous allez éviter tout ce qui pourrait activer votre schéma. Dans le schéma d'abandon par exemple, vous allez simplement éviter d'entrer en relation ; dans le schéma d'exclusion, vous allez éviter toute soirée ou présentation à la famille ; etc.

Les personnes qui ont un comportement d'évitement ont un risque accru de développer des addictions diverses : elles se noient pour s'anesthésier psychiquement. La douleur psychique étant insupportable, elles vont aussi privilégier la douleur physique. Par exemple, suite à une rupture, elles développeront des problèmes somatiques.

Le maintien

Le maintien correspond à tout ce qui va venir renforcer votre schéma tel qu'il est. Si vous possédez un schéma d'abandon, vous allez ainsi coller votre partenaire jusqu'à ce qu'il étouffe et qu'il parte ; si vous avez un schéma de dépendance, vous allez vous mettre avec quelqu'un qui prend tout en charge et vous quitte en vous laissant l'impression que vous ne pouvez vous débrouiller seul. Le maintien rend le schéma de plus en plus fort.

Voyons maintenant plus en détail les schémas qui peuvent s'activer dans la rupture amoureuse.

En résumé
(Mehran, 2006)

La compensation : lorsqu'on compense son schéma, on va systématiquement à son encontre. Le combat est tellement extrême qu'il devient inadapté et que les comportements se rigidifient.
L'évitement : lorsqu'on évite son schéma, on s'arrange pour ne jamais activer le schéma afin d'en nier l'existence. Les pensées, les images et les émotions reliées au schéma sont bloquées. Des sphères entières de la vie sont ainsi évitées et toute relation potentiellement activatrice dans laquelle on se sent vulnérable se trouve écartée.
Le maintien : lorsqu'on se soumet à son schéma, on maintient l'idée que celui-ci est vrai et représente la réalité. On va donc sans cesse répéter les scénarios qui ont créé et qui alimentent ce schéma.

De quel schéma est-ce que je souffre ?

Au total, on estime qu'il existe dix-huit schémas. Sur ce nombre, treize me semblent pertinents en cas de rupture amoureuse. Nous allons maintenant les passer en détail afin que vous puissiez savoir si vous en possédez certains.

Le schéma d'abandon

Les personnes souffrant d'un schéma d'abandon ont l'impression que les autres ne peuvent leur donner un soutien, une protection durable. Elles perçoivent les gens comme changeants et irréguliers dans leurs démonstrations d'affection.

Elles anticipent sur le fait que ceux-ci ne seront pas toujours à leur côté, qu'ils ne sont pas fiables, qu'ils peuvent potentiellement les abandonner pour quelqu'un de mieux ou bien carrément mourir.

Ce schéma d'abandon prendrait forme avant l'apparition du langage (Young *et al.*, 1993). Néanmoins, il peut également apparaître plus tard, par exemple à l'occasion d'un divorce, d'un décès ou d'un autre événement pouvant susciter un sentiment d'abandon chez un l'enfant ou un adolescent.

Il existe deux types de sentiments d'abandon : le sentiment d'abandon lié à la dépendance, lorsque nos parents nous ont trop protégé (il est généralement couplé au schéma de dépendance) et le sentiment d'abandon lié à l'instabilité ou à la perte.

Pour présenter un schéma d'abandon, il faut avoir fait l'expérience d'une relation affective rompue. Ceux qui possèdent ce schéma ressentent un profond malaise face à tout ce qui peut ressembler à une perte, une séparation ou un rejet. Ils interprètent en ce sens le moindre événement anodin – l'attente d'un coup de téléphone, par exemple. S'ensuivent des émotions et des comportements inadaptés : « Il est 15 h 30, Jon m'avait dit qu'il m'appellerait à 15 heures ; il n'a pas encore appelé ; donc, il veut me quitter. De toute façon, tout le monde m'abandonne. » (Au passage, vous reconnaissez ici, sous-tendus par le schéma d'abandon, les phénomènes d'inférence arbitraire et de généralisation qui ont été décrits plus haut ; voir chapitre 2, p. 84.)

Chaque fois que nous ressentons un sentiment d'abandon, que ce soit parce que Greg n'a pas pu venir déjeuner avec nous, que Louise est en retard d'une demi-heure à notre soirée ou qu'Alexandre en a eu tellement marre de notre schéma qu'il est bel et bien parti, nous passons par trois phases successives : la peur, le chagrin et la colère (Bowlby, 2002).

On comprend assez facilement que le schéma d'abandon va être explosif dans les relations amoureuses. Ceux qui en souffrent adoptent généralement deux types de comportements : soit ils sont très collants, angoissés dès que l'autre s'éloigne un peu, soit au contraire ils évitent toute relation.

Afin que vous puissiez évaluer si vous possédez ce schéma, voici quelques indicateurs de sa présence :

1. Vous évitez toute relation amoureuse, même quand elle peut potentiellement marcher, car vous avez trop peur de souffrir.
2. Vous aviez peur qu'il arrive quelque chose de grave à votre partenaire.
3. Vous anticipiez sans cesse que votre partenaire allait vous quitter et interprétiez toute parole ou événement dans ce sens.
4. Vous aviez tendance à être jaloux ou possessif.
5. Tout éloignement de votre partenaire était très angoissant.
6. Vous suspectiez souvent votre partenaire d'être infidèle.
7. Vous pouviez devenir distant ou même faire un scandale si votre partenaire ne s'occupait pas assez de vous.
8. Votre partenaire était déjà engagé avec quelqu'un d'autre, ce qui augmentait votre sentiment d'insécurité.
9. Vous vous sentiez souvent délaissé par votre partenaire qui avait une activité prenante (au passage, vous reconnaissez ici le type « échec amoureux triangulaire » ; voir chapitre 5, p. 45).
10. Votre partenaire était instable, ne savait pas ce qu'il voulait et n'était pas suffisamment présent pour vous. Il soufflait le chaud et le froid en permanence.

Si vous vous reconnaissez dans ces traits, c'est que vous possédez probablement un schéma d'abandon et que vous aviez peut-être choisi un partenaire qui activait votre schéma.

Le schéma de carence affective

Lorsqu'on possède un schéma de carence affective, on a l'impression que personne ne pourra jamais nous aimer, que nous sommes condamné ou destiné à être seul, que le sentiment de bien-être et d'épanouissement nous restera à jamais inconnu, que personne ne sera jamais en mesure de nous écouter et de nous comprendre. Nous ressentons aussi en permanence un fort manque d'empathie. Les personnes présentant un schéma de carence affective sont souvent déçues par les autres. Elles se sentent sans cesse mal aimées, quelles que soient les preuves d'amour de l'autre.

On distingue trois grands types de carence affective :

• *Le manque de maternage* : le maternage est la tendresse, l'attention, les soins donnés à un enfant par les figures parentales ; cette tendresse doit être à la fois verbale et tactile.

• *Le manque d'empathie* : l'empathie est la capacité à se mettre à la place de l'autre, de comprendre et prendre en compte ses sentiments sans les vivre à sa place.

• *Le manque de protection* : la protection est le fait de créer un climat de sécurité sans pour autant faire percevoir le monde comme dangereux.

Si vous présentez un schéma de carence affective, vous aurez certains comportements qui vont intensifier ce schéma et l'autoalimenter :

1. Vous pensez que l'autre doit comprendre vos besoins, vos sentiments sans que vous ayez besoin de les exprimer (et vous êtes donc systématiquement déçu puisque l'autre ne sait pas lire dans vos pensées !).
2. Vous n'aimez pas montrer vos faiblesses et encore moins que l'on vous protège et vous aide.
3. Vous êtes exigeant quant à ce que l'autre doit vous apporter et avez toujours l'impression qu'il ne vous aime pas assez.

4. Vous vous protégez et devenez distant et froid.
5. Votre partenaire ne vous écoutait pas et parlait beaucoup de lui. Il était peu empathique et disponible quand vous en aviez besoin.
6. Votre partenaire n'était pas tactile et affectueux. Il pouvait même être froid et distant.
7. Vous aviez l'impression d'être souvent en demande d'intimité.
8. Plus votre partenaire vous repoussait et plus vous aviez envie d'être avec lui ; l'idée de le voir devenait une obsession.
9. Vous aviez l'impression que votre partenaire était incapable de vous comprendre.
10. Vous étiez frustré, car vous aviez l'impression que vous étiez plus investi dans la relation que lui.

Le schéma de carence affective est l'un des plus ancrés et des plus profonds, car il est le plus précoce. Le travail sur ce schéma sera donc un peu plus long que les autres et nécessitera probablement une aide professionnelle.

Les signaux d'alerte présentés ci-dessus peuvent être présents dans la réalité, si votre partenaire entretenait effectivement votre schéma de carence affective, mais ils peuvent aussi être en décalage par rapport à la réalité et résulter de votre seul schéma. Il est donc important de pouvoir distinguer ce qui vient de vous et ce qui venait de votre ex.

Le schéma méfiance/abus

Les personnes présentant ce schéma anticipent sur le fait que les gens peuvent les trahir, les faire souffrir, les décevoir. Elles ont souvent le sentiment d'être défavorisées par rapport aux autres. Un tel schéma se met en place quand les limites physiques, psychologiques ou sexuelles d'une personne n'ont pas été respectées.

Comme pour tous les schémas, le schéma méfiance/abus va tenter de se maintenir durablement. Ce maintien peut s'effectuer grâce à certains de vos comportements ; il peut aussi avoir été renforcé par le comportement de votre partenaire.

1. Vous étiez souvent suspicieux à l'égard de votre partenaire, vous aviez toujours peur qu'il vous mente.
2. Vous pensiez que votre ex voulait vous faire du mal délibérément.
3. Vous vous laissiez maltraiter par votre ex, car vous pensiez ne pas mériter mieux.
4. Votre partenaire avait tendance à s'emporter rapidement et de façon spectaculaire.
5. Il avait tendance à vous rabaisser devant les autres ou à vous dévaloriser lorsque vous étiez tous les deux.
6. Vous sentiez que vos besoins n'étaient ni comblés ni entendus.
7. Votre partenaire faisait passer ses besoins en premier.
8. Votre partenaire n'était pas honnête, tant dans ses relations amicales que dans ses relations d'affaires.
9. Votre partenaire vous maltraite physiquement, sexuellement ou psychiquement.
10. Votre partenaire vous a trompé.

Vous remarquerez d'après ces indicateurs que les personnes qui souffrent du schéma méfiance/abus alternent entre le traqueur de mensonge et la victime.

Si vous étiez avec quelqu'un qui avait tendance à mentir ou à entretenir une atmosphère nébuleuse et insécurisante, que vous aviez tout le temps l'impression que ses explications étaient évasives, alors il se peut que votre schéma ait été réactivé du fait du comportement de cette personne. Cependant, il est important de faire la part des choses entre ce qui appartient vraiment au partenaire et ce qui découle d'erreurs d'interprétation engendrées par tel ou tel schéma. C'est en poursuivant la lecture de cet ouvrage que vous pourrez faire ce travail de tri. En attendant, tenez-vous en simplement aux faits clairs et observables.

Le schéma d'exclusion

Les personnes concernées par ce schéma ont le sentiment d'être coupées des autres, différentes, de ne pas faire partie du groupe. Ce schéma est en rapport avec la perception qu'autrui a de nous, il entraîne d'ailleurs souvent des phobies sociales. Dans la vie amoureuse, il influe sur le fait d'aller à la rencontre des gens, sur la capacité à se mettre dans une situation de séduction – peur d'être rejeté, d'avoir l'air ridicule. Ces difficultés se traitent extrêmement bien en thérapie de groupe centrée sur l'anxiété sociale et l'affirmation de soi.

Comme beaucoup de schémas, le schéma d'exclusion est issu d'expériences désagréables précoces. Par exemple, l'un de vos parents vous disait que vous lui faisiez honte chaque fois que vous vous exprimiez, qu'il ne fallait pas faire de vagues, pas se faire remarquer. Ou bien vous avez subi des humiliations répétées à l'école qui vous ont conduit à vous exclure du groupe. On peut aussi avoir souffert d'une différence de milieu par rapport à son entourage, cette différence ayant induit un sentiment de honte ou l'impression de ne pas être « comme les autres ».

Voici quelques indices qui vous permettront d'identifier ce schéma :

1. Vous êtes quelqu'un de très timide et mal à l'aise dans les situations sociales.
2. Vous laissiez souvent votre partenaire parler à votre place dans les situations de groupe.
3. Vous vous sentez différent des autres.
4. Vous pensez ne pas savoir séduire.

5. Vous êtes plutôt solitaire.
6. Votre partenaire vous reprochait de ne pas passer assez de temps avec lui et ses amis
7. Vous avez l'impression que vous ne pourrez jamais retrouver quelqu'un d'autre, car vous n'avez pas les capacités pour entrer en relation avec les gens.
8. Votre ex était extrêmement sociable et vous aviez l'habitude d'évoluer dans son ombre.
9. Vous supportez assez mal que l'attention soit sur vous.
10. Vous pensez être quelqu'un de peu intéressant.

L'angoisse qu'engendrent la difficulté de communication, le manque d'affirmation de soi ou simplement le fait de rencontrer de nouvelles personnes a une incidence sur la détérioration des relations amoureuses. En effet, la peur du jugement entraîne une incapacité à exprimer ses émotions qui, à son tour, provoque des tensions physiques et psychiques et diminue l'énergie qui permet de penser de façon logique et cohérente. En général, les personnes souffrant d'anxiété sociale développent une dépendance sociale vis-à-vis de leur partenaire. Leur « négativisme » concernant les relations humaines, c'est-à-dire leur incapacité à voir l'autre comme un soutien ou une source de bienveillance et surtout la peur que celles-ci suscitent finissent par épuiser le partenaire. Il y a comme une contamination d'émotions négatives.

Le schéma d'imperfection et de honte

Le schéma d'imperfection entraîne souvent un sentiment de honte. La personne cache ses défauts, car elle pense que si les autres les découvraient ou découvraient qui elle est vraiment, ils ne pourraient pas l'aimer. Les gens présentant ce schéma se sentent inférieurs, ils sont souvent hypersensibles aux critiques et au rejet. Ils ont honte des imperfections qu'ils estiment avoir, qu'elles soient psychiques ou physiques. Généralement, ce sont des personnes qui ont été très critiquées dans leur enfance et qui pensent ne pas être dignes d'être aimées. Ce schéma ne repose pas sur des handicaps ou des défauts réels, mais sur une image déplorable de soi.

Plusieurs signaux peuvent évoquer le schéma d'imperfection/honte :

1. Vous pensez fondamentalement que vous êtes nul.
2. Vous évitiez que votre partenaire vous connaisse vraiment (sinon, il se serait enfui en courant !).
3. Vous n'aimez pas que l'on vous pose des questions intimes sur votre caractère ou sur votre vie ; vous les percevez vite comme intrusives.
4. Vous réagissez très mal aux critiques ou, au contraire, vous les prenez trop comme une vérité absolue.
5. Vous évitez totalement les fréquentations amoureuses ou passez d'une relation superficielle à une autre.
6. Votre ex avait tendance à vous critiquer beaucoup.
7. Vous vous laissez souvent abuser physiquement ou émotionnellement.
8. Vous êtes attiré par les personnes qui ne s'intéressent pas vraiment à vous.
9. Votre ex vous reprochait de ne pas suffisamment vous dévoiler.
10. Vous jugiez que votre ex était inférieur ; vous le méprisiez même et aviez tendance à beaucoup le critiquer.

Comme pour d'autres schémas, vous aurez remarqué ici que, dans une même liste, certains indices peuvent être opposés. Tout dépend, en effet, de la façon dont s'exprime un schéma : maintien, surcompensation ou évitement (voir chapitre 2, p. 86).

Le schéma de dépendance

Les personnes possédant un schéma de dépendance sont persuadées de ne pas pouvoir se débrouiller toutes seules au quotidien, elles pensent avoir besoin des autres pour survivre. Elles sont incapables de faire face aux responsabilités, demeurent passives et ne font pas preuve d'initiatives de peur de se tromper ou parce qu'elles estiment ne pas savoir faire. Elles se comportent comme des enfants. Elles peuvent développer un schéma de dépendance à l'égard de n'importe qui – parents, amis, enfants et, bien sûr, partenaires amoureux.

Dans une relation amoureuse, les personnes dépendantes vont se laisser user et abuser ; elles vont renoncer à leurs vrais besoins et envies pour « sauver » cette relation de dépendance et préserver cette illusion de sécurité. Elles vont parfois développer de la colère en raison de la frustration et du sentiment d'emprisonnement qu'elles éprouvent. Les personnes dépendantes sont souvent très anxieuses. Il arrive aussi que les gens présentant un schéma de dépendance prennent le contre-pied et développent une autonomie excessive, exprimant clairement n'avoir besoin de personne.

Le schéma de dépendance est le résultat soit de parents négligents, soit de parents extrêmement protecteurs et envahissants. Dans les deux cas, l'enfant est incapable de ressentir la sécurité nécessaire à l'autonomie.

Il existe plusieurs signaux indiquant une forte dépendance dans une relation amoureuse.

1. Vous pensez que vous ne pouvez pas vous débrouiller seul dans la vie de tous les jours et vous demandiez toujours conseil à votre partenaire.
2. Vous pensez que vous êtes incapable de prendre une décision seul : votre jugement n'est pas fiable.

3. Vous laissiez votre partenaire gérer votre budget et tous les problèmes quotidiens.
4. Vous vous sentiez prisonnier de votre relation amoureuse, sans pouvoir en sortir.
5. Votre ex vous infantilisait, se présentait comme votre protecteur ou votre parent.
6. Lorsqu'il n'était pas à vos côtés, vous aviez l'impression de cesser d'exister.
7. Lorsque vous essayiez de faire quelque chose ou d'exprimer une idée, votre partenaire vous faisait sentir que c'était stupide ou mal fait.
8. Votre partenaire était quelqu'un de très sûr de lui.
9. Vous ne supportiez pas que votre partenaire vous aide quand vous entrepreniez quelque chose.
10. Vous interprétez le moindre conseil comme un message signifiant que vous ne savez pas faire les choses.

Le schéma de dépendance est lié à un fort sentiment d'insécurité. Lors d'une rupture amoureuse, cette insécurité est extrêmement majorée. La personne se retrouve confrontée à son pire cauchemar : devoir se débrouiller seule. Si vous possédez ce schéma et que ce moment de séparation est « bien utilisé », vous allez justement pouvoir développer ces aptitudes et vous rendre compte de vos ressources personnelles. Pour ceux qui sont dans la surcompensation du schéma, profitez-en justement pour accepter l'aide de vos amis et de votre famille.

Le schéma d'échec

Le schéma d'échec porte davantage sur ce que l'on fait que sur qui l'on est. Les personnes souffrant de ce schéma sont souvent dans l'évitement, leur phrase préférée étant : « Pourquoi essayer ? De toute façon, je vais rater, comme d'habitude... »

Si le schéma d'échec se manifeste surtout dans la vie professionnelle, il peut néanmoins, apparaître dans les relations amoureuses dans certaines situations.

1. Pendant votre relation, vous anticipiez déjà que ça n'allait pas marcher.
2. Vous vous attribuez une grande partie de la responsabilité de votre rupture.
3. Vous culpabilisez sur ce que vous avez mal fait pendant la relation.
4. Votre ex vous reprochait votre pessimisme.
5. Vous pensez que vous n'arriverez jamais à vous épanouir personnellement ou professionnellement.
6. Vous ne voulez plus entamer aucune relation puisque « de toute façon, ça finira par une rupture ».
7. Vous choisissez un partenaire brillant professionnellement et vous vivez par procuration (on reconnaît ici le mode d'échec amoureux narcissique ; voir chapitre 5, p. 42).
8. Vous vous mettez dans des situations amoureuses impossibles qui vous conduisent systématiquement à l'échec.
9. Vous avez l'impression que tout le monde réussit mieux que vous sa vie amoureuse.
10. Vous êtes attiré par les relations compliquées.

Une rupture amoureuse va venir énormément renforcer le schéma d'échec. Vous allez pouvoir vous dire : « Et voilà, je l'avais bien dit que ça ne marcherait pas… » Vous allez vous persuader que vous n'êtes pas fait pour les relations amoureuses. Il est important ici d'identifier ce qui, justement, vous fait peur dans le fait de réussir une relation amoureuse. Nous retomberons peut-être alors sur le schéma d'abandon…

Le schéma manque de limites

Les personnes qui souffrent de ce schéma sont souvent égoïstes, gâtées, narcissiques ou irresponsables. Les parents étaient souvent trop indulgents et manquaient d'autorité et de discipline. Ou bien ils s'estimaient eux-mêmes supérieurs aux autres et l'enfant a internalisé ce comportement.

Quand on présente ce schéma, on a le sentiment d'être unique. En général, on est exigeant et dominateur, on ne se préoccupe que de soi. On n'a aucune capacité de frustration et on maîtrise mal son impulsivité. On pense avoir des droits supérieurs aux autres parce qu'on est supérieur à tout le monde. On a besoin de contrôler et d'obtenir ce qu'on veut et on est obsédé par le pouvoir et le succès.

Si vous souffrez de ce schéma, vous allez vous reconnaître dans certains des indices suivants.

1. Vous faites facilement des scandales quand vous n'obtenez pas ce que vous voulez.
2. Vous pouviez vous comporter avec votre partenaire comme un enfant capricieux.
3. Vous ne supportez pas qu'on vous dise non et, si on le fait, vous ressentez une forte injustice.
4. Vous êtes impatient.
5. Vous aviez tendance à pousser à bout votre partenaire et à lui reprocher ensuite son énervement.
6. Votre partenaire avait tendance à sacrifier ses besoins et était soumis.
7. Votre partenaire exprimait rarement ses sentiments car il avait peur de votre réaction.
8. Vous aviez tendance à souvent critiquer votre partenaire.
9. Vous preniez toute revendication de votre partenaire comme un manque de respect à votre égard.

10. Vous vous autorisiez des choses dans votre relation que vous n'auriez pas admises de votre partenaire (soirées, flirt, etc.).

Si vous vous reconnaissez dans ce schéma, il se peut que votre partenaire soit parti parce qu'il était épuisé. Votre travail va être de placer des limites dans ce que vous pouvez faire et ne pas faire. Vous allez également travailler sur votre capacité de frustration et sur le sentiment d'injustice que vous pouvez souvent ressentir afin de diminuer le théâtralisme de votre comportement.

Le schéma de soumission

Il existe deux types de soumission : l'assujettissement et l'abnégation.

Le schéma d'assujettissement implique une soumission excessive par peur de la colère ou de l'abandon. La personne qui le présente a tendance à supprimer ses propres besoins, ses propres émotions au profit de l'autre. Cette suppression va entraîner une frustration et une très forte impression de « se faire avoir ». S'ensuivent souvent un comportement passif/agressif et une colère refoulée qui finit par exploser.

Les personnes souffrant d'un schéma d'abnégation vont, quant à elles, combler les besoins des autres au détriment des leurs, afin de leur éviter la souffrance. De façon plus égocentrique, elles peuvent aussi, en agissant ainsi, chercher à augmenter leur estime d'elles-mêmes ou à s'épargner un sentiment de culpabilité. Elles présentent souvent une hypersensibilité à la souffrance d'autrui.

Ces deux schémas de soumission entraînent souvent de la colère et de l'agressivité, réprimées ou non. Cette réaction est due à la frustration quand on ne prend pas en compte ses propres besoins.

Si, dans les relations amoureuses, on présente un schéma de soumission, on se retrouvera dans les signaux suivants.

1. Vous pensiez que si vous ne faisiez pas tout ce que voulait votre partenaire, il allait vous abandonner ou vous faire du mal.
2. Vous pensiez que si vous ne combliez pas tous les besoins de votre partenaire et que vous vous occupiez un peu de vous, vous étiez une mauvaise personne.
3. Vous ne savez pas très bien comment vous occuper de vous-même et quels sont vos besoins.
4. Votre partenaire était une personne dominatrice avec une forte personnalité.
5. Votre partenaire s'énervait si vous osiez émettre une opinion contraire à la sienne.
6. Votre partenaire avait tendance à vous faire du chantage affectif auquel vous cédiez toujours.
7. Vous aviez l'impression que votre partenaire aurait été perdu si vous ne vous occupiez pas de lui.
8. Vous deviez faire attention à tout ce que vous pouviez dire ou faire pour ne pas que votre partenaire s'énerve.
9. Vous laissiez votre partenaire prendre toutes les décisions ; vous étiez incapable de vous affirmer.
10. Votre partenaire vous culpabilisait ou vous trouvait égoïste si vous exprimiez vos besoins.

Le schéma d'assujettissement entraîne de violentes souffrances et une dévalorisation totale de soi. Il pousse à accepter des choses qu'on n'aurait jamais pensé accepter ou à ne pas se rendre compte que ce que l'on accepte est totalement inadapté. Si vous tombez dans la surcompensation de ce schéma, vous risquez de ne plus rien accepter et d'avoir un mode de fonctionnement très rigide de peur de vous faire dominer par l'autre.

Le schéma recherche d'approbation et de reconnaissance

Les personnes présentant ce schéma ont un besoin excessif d'attention et d'estime de la part d'autrui. L'image qu'elles ont d'elles-mêmes repose sur ce que leur renvoient les autres. L'apparence et le style de vie sont alors très importants.

Dans les relations amoureuses, on peut identifier ce schéma à travers différents types de comportements.

1. Vous êtes incapable de vous autocomplimenter.
2. Vous aviez besoin que votre partenaire vous fasse très régulièrement des compliments ou des remarques positives sur ce que vous faites ou sur qui vous êtes.
3. L'image sociale que renvoyait votre partenaire était très importante pour vous.
4. Vous étiez extrêmement vexé lorsque votre partenaire ne remarquait pas l'un de vos efforts.
5. Votre ex était quelqu'un qui ne communiquait pas beaucoup ce qu'il pensait.
6. Vous ne vous sentiez pas apprécié à votre juste valeur.
7. Ce que vous pensiez de vous était très dépendant des commentaires que faisait votre ex.
8. Pour vous, l'image que l'on renvoie est plus importante que la personne que l'on est réellement.
9. Dès que l'attention de votre ex diminuait, vous vous sentiez sans importance.
10. Votre ex ne vous admirait pas assez.

Les personnes souffrant de ce schéma sont hypersensibles au rejet. Le fait d'avoir été quitté va donc être mis en relation directe avec la valeur qu'elles s'accordent.

Le schéma d'exigence élevée

Les personnes qui présentent un schéma d'exigence élevée luttent constamment pour être les meilleures dans tous les domaines. Critiques et exigeantes, elles se mettent elles-mêmes une pression importante et ne profitent de rien puisque leur pensée automatique est en permanence : « Je pourrais faire mieux. »

Le schéma d'exigence élevée entraîne fréquemment des troubles somatiques dus au stress. Dans les relations amoureuses, il se manifeste par différents indices.

1. Vous n'étiez jamais satisfait de votre partenaire ; quoi qu'il fasse, ce n'était jamais assez bien.
2. Vous critiquiez souvent votre partenaire.
3. Lorsque votre partenaire faisait une tâche quotidienne, vous aviez tendance à vérifier derrière lui.
4. Votre partenaire vous disait qu'il se sentait dévalorisé et découragé par vous.
5. Vous estimiez que votre partenaire n'avait pas le droit de se reposer ou de prendre du bon temps s'il restait des corvées à faire.
6. Vous mettiez la pression à votre partenaire pour qu'il évolue professionnellement.
7. Vous avez tendance à rechercher un partenaire idéal et parfait qui comblera toutes vos attentes.
8. Vous pointiez régulièrement les défauts de votre partenaire, car vous pensez qu'on peut toujours s'améliorer.
9. Vous êtes exigeant vis-à-vis de vous-même et vous vous mettez trop la pression.
10. Vous êtes très ambitieux.

Le schéma d'exigence élevé est parfois difficile à travailler, car il présente beaucoup de bénéfices secondaires. En effet, lorsqu'on possède un tel schéma, on peut être quelqu'un de très dynamique et de volontaire dans son travail et estimer qu'il est normal de ne pas souhaiter la médiocrité. Certes... Mais lorsqu'on se fixe des objectifs trop élevés, on s'épuise et on épuise son entourage. L'impossibilité d'atteindre l'inatteignable peut entraîner un découragement et, finalement, une dévalorisation de soi-même.

Dans le cadre des relations amoureuses, la recherche du prince charmant ou de la princesse parfaite entraîne systématiquement des déceptions. La pression que vous avez pu mettre à votre ex et votre intolérance face à ses défauts ont peut-être eu raison de lui.

Le schéma négativité/pessimisme

Les personnes qui présentent ce schéma sont centrées sur les aspects négatifs de la vie. Elles ont une peur exagérée de commettre des erreurs et vont donc maintenir des règles personnelles rigides, même si cela doit gâcher la joie de l'instant présent. Elles estiment que si elles ne restent pas vigilantes, leur vie peut s'écrouler. Généralement, ces personnes ont été élevées dans des familles où les notions de travail et de perfectionnisme étaient plus importantes que l'épanouissement à travers la spontanéité et le bonheur d'être soi.

Dans les relations amoureuses, ce négativisme peut s'exprimer suivant différentes modalités.

1. Vous aviez tendance à ne voir que les défauts de votre partenaire.
2. Vous aviez tendance à vous rappeler des disputes, mais pas des bons moments.
3. Lorsque votre partenaire faisait une erreur, cela annulait toutes les bonnes choses qu'il avait faites avant.
4. Vous aviez souvent peur qu'il vous arrive quelque chose de grave, à vous ou à votre ex.
5. Vous vous plaignez ou râlez souvent.

6. Vous n'aimez pas les changements de programme ou tout ce qui vient déranger ce que vous aviez prévu.
7. Vous avez du mal à apprécier les bons moments, car vous anticipez sur le fait qu'ils vont se terminer.
8. Vous êtes excessivement prudent.
9. Vous mettez beaucoup de temps à faire un choix ou à prendre une décision, car vous avez peur des conséquences.
10. Vous voyez souvent le verre à moitié vide.

Si vous souffrez de ce schéma, vous aviez sûrement anticipé votre rupture. Non pas parce que vous ratez tout ce que vous entreprenez (schéma d'échec), mais parce que, de toute façon, pour reprendre la chanson des Rita Mitsouko : « Les histoires d'amour finissent mal, en général. » Il faudra peut-être ici travailler sur une façon plus positive de vivre et d'anticiper les événements.

Le schéma de surcontrôle émotionnel

Les personnes présentant un schéma de surcontrôle émotionnel contrôlent toutes leurs émotions, qu'elles soient positives ou négatives. Elles ont des difficultés à reconnaître leurs défauts et leurs erreurs et ne fonctionnent que de façon rationnelle. Elles sont perçues comme froides et ennuyeuses.

Dans les relations amoureuses, un tel schéma aboutit à certains comportements.

1. Votre ex vous reprochait de ne jamais lui dire : « Je t'aime. »
2. Votre ex vous reprochait de ne pas exprimer vos pensées et vos émotions.
3. Vous avez tendance à fuir les discussions qui peuvent engendrer des émotions.
4. Vous préférez les explications rationnelles et mettez à distance tout sentiment.
5. Exprimer des émotions positives vous met mal à l'aise.

6. Vous n'êtes pas spontané ni démonstratif.
7. On vous traite souvent d'insensible.
8. Vous pensez qu'il est plus sûr de garder ses émotions douloureuses pour soi, voire de ne pas les ressentir du tout.
9. Vous avez tendance à éviter toute émotion.
10. Dès que vous ressentez que quelque chose vous gêne, vous essayez tout de suite de penser à autre chose.

Dans une rupture amoureuse, les personnes qui souffrent d'un schéma de contrôle émotionnel risquent de bloquer leur processus de deuil. Comme nous l'avons vu précédemment, il est très important de pouvoir exprimer et évacuer ses émotions pour « se réparer » après sa rupture (voir chapitre 2, p. 25). Le travail essentiel ici sera donc axé sur l'expression et le ressenti émotionnels.

De quelle façon est-ce que je m'attache aux gens ?

En plus de vos schémas, dans votre rupture, un autre facteur va venir vous gêner : il s'agit de votre style d'attachement. De quelle façon avez-vous tendance à vous attacher aux gens et, en particulier, de quelle façon étiez-vous attaché à votre ex ?

L'une des composantes de la réussite ou de l'échec d'une relation amoureuse est le style d'attachement que chacun a développé. Un style d'attachement contient toute une série de représentations qui jouent un rôle dans notre relation aux autres. Ces représentations se sont formées parallèlement aux schémas, au cours des expériences précoces que nous avons eues avec ceux qui se sont occupés de nous. Un style d'attachement est donc le résultat du comportement des figures parentales vis-à-vis de l'enfant.

Un attachement sera dit sécure quand l'attitude parentale vise à protéger physiquement et psychologiquement l'enfant et à lui fournir un sentiment de sécurité pour qu'il puisse aller découvrir le monde par lui-même. Le futur adulte aura alors la capacité de se sentir sécurisé dans une relation sans avoir peur d'être systématiquement trahi et abandonné. Si vous n'avez pas pu développer un attachement sécure, vous allez en revanche développer un sentiment d'insécurité dans vos relations aux autres et, en particulier, avec votre partenaire amoureux.

On développe un style d'attachement insécurisé dans deux cas principaux :

• *Soit quand les parents ont été rejetants*, trop critiques, voire carrément maltraitants. Il y a eu un défaut de maternage car, pour reprendre l'expression de Winnicott, la mère n'a pas été « suffisamment bonne » – par « mère », j'entends la figure maternelle au sens de Bowlby, c'est-à-dire la personne qui représente la mère et le repère de sécurité de l'enfant.

• *Soit quand les parents ont été trop envahissants*, intrusifs, anxieux et surprotecteurs.

Dans les deux cas, l'adulte percevra le monde comme dangereux ou essayera de retrouver cet amour démesuré et inconditionnel dans ses relations amoureuses, enchaînant inévitablement les déceptions à répétition.

Il existe trois styles d'attachement insécurisé. Dans la rupture amoureuse, je les classe en fonction du type de comportement adopté face au départ de l'autre.

L'adulte craintif

Un adulte craintif anticipe le rejet et se sent facilement agressé. L'autre est perçu de façon dangereuse. Si vous avez ce style d'attachement, vous allez avoir tendance à vous isoler, à vous protéger de votre ex et, s'il entre en contact avec vous, à être excessivement agressif.

L'adulte détaché

Un adulte détaché va être constamment sur la défensive. En général, il semble avoir une bonne opinion de lui-même, se perçoit comme un individu qui n'a besoin de personne et est perçu comme tel par l'extérieur. Si vous avez ce style d'attachement, vous allez avoir tendance à clamer que vous vous moquez éperdument que votre ex vous ait quitté.

L'adulte préoccupé

Un adulte préoccupé se remet continuellement en question sur sa valeur personnelle et se montre très attentif au jugement des autres. Il est hypervigilant aux signes pouvant évoquer une séparation ou un conflit. Au contraire de l'adulte détaché, il a tendance à « coller » les autres et à surinvestir ses relations amoureuses ; il a un grand besoin de soins et d'attention. Les adultes préoccupés sont souvent des personnes anxieuses. Si vous êtes dans ce cas-là, vous serez plutôt du genre à chercher le contact avec votre ex et à le harceler de messages.

Et le style d'attachement de mon ex alors ?

Dans une relation amoureuse, le style d'attachement du partenaire est très important, car il va conditionner en partie la nature de l'histoire d'amour et de la rupture éventuelle. Lorsqu'on est avec quelqu'un qui a le même style d'attachement que soi, la relation est plus durable et satisfaisante que lorsque les styles sont opposés. Le plus gros taux de rupture était observé entre les personnes ayant un style préoccupé et les personnes ayant un style détaché (Fraley, Shaver, 2000).

Le style d'attachement et les schémas vont donc conditionner la façon dont on s'exprime et dont on réagit suite à une rupture. Suivant les schémas et les styles d'attachement que nous avons, nous allons donc réagir avec des modes différents.

Mes différentes facettes

Certains groupes de schémas peuvent être activés ensemble. Pour rendre compte de cette activation multiple, on parle alors de « mode ».

Les modes de schémas sont donc les états émotionnels et les réponses d'adaptation instantanée. On pourrait dire que c'est l'aspect de vous que vous utilisez pour répondre aux situations. Ces modes sont activés par les événements de vie auxquels nous sommes particulièrement sensibles.

Dans la vie, nous avons l'habitude de passer d'une façon de réagir à l'autre, de manière fluide, selon les différentes situations. Par exemple, suite à votre rupture amoureuse, vous arrivez quand même à maintenir votre statut professionnel, à garder votre sang-froid devant votre chef, mais lorsque vous

vous retrouvez avec votre meilleur ami une heure plus tard, vous fondez en larmes dans ses bras. Un mode devient dysfonctionnel s'il envahit la plus grande part de notre vie, c'est-à-dire si vous fondez en larmes dans les bras de votre chef !

Il existe dix modes répartis en trois catégories. Ce sont les modes de l'enfant, les modes du parent et les modes de l'adulte.

Les modes de l'enfant

Tous les enfants sont nés avec la possibilité de manifester les différents modes suivant les situations qui se présentent à eux.

• *L'enfant vulnérable* : lorsque vous êtes dans ce mode, c'est l'enfant abandonné, l'enfant abusé, l'enfant privé d'affection et l'enfant rejeté qui s'exprime. Vous avez alors les émotions et les comportements de cet enfant vulnérable.

• *L'enfant en colère* : c'est l'enfant dont les besoins émotionnels (ou physiques) de base ne sont pas satisfaits et qui réagit de façon colérique ou agressive.

• *L'enfant impulsif/indiscipliné* : c'est l'enfant qui exprime ses émotions et agit selon ses désirs, en suivant sa tendance naturelle du moment, sans se soucier des conséquences pour lui-même ou pour les autres.

• *L'enfant heureux* : c'est celui dont les besoins affectifs fondamentaux ont été comblés, mais qui va les exprimer de manière un peu immature.

• *L'enfant soumis/obéissant* : c'est l'enfant passif, impuissant, qui doit obéir aux autres et éviter les conflits

Vous pouvez dès maintenant anticiper le fait que lorsque l'on devient adulte et que l'on continue à fonctionner sur un mode enfant, cela crée des soucis…

Les modes du parent

• *Le parent punitif* : quand une personne est sur ce mode, elle punit l'autre ou elle-même, car elle estime que quelque chose de mal a été fait.

• *Le parent exigeant* : ce mode est celui qui pousse l'autre (ou soi-même) pour qu'il se hausse jusqu'à des normes excessivement élevées, pour qu'il soit à la hauteur de ses exigences.

Les modes de l'adulte

• *Le protecteur détaché* : la personne se met psychologiquement en retrait par rapport à la douleur que provoque son schéma. Elle se détache de ses émotions et les anesthésie ; elle pratique des activités qui la stimulent et adopte diverses stratégies d'évitement (il s'agit ici de l'adulte détaché vu au paragraphe précédent).

• *Le compensateur* : la personne lutte contre son schéma en faisant le contraire, soit en se comportant de façon extrême, soit en maltraitant les autres (il s'agit ici du mode de fonctionnement de compensation vu plus haut qui s'est généralisé).

• *L'adulte sain* : la différence entre les individus psychologiquement sains et ceux qui sont en détresse tient dans la solidité et l'efficacité du mode de l'adulte sain. Le mode de l'adulte sain est capable de modérer les modes dysfonctionnels. Il peut soutenir ou guérir les modes dysfonctionnels. L'objectif du travail sur les schémas est de renforcer le mode de l'adulte sain tout en écoutant et accueillant les souffrances de l'« enfant intérieur ».

Peut-être commencez-vous à repérer certains de vos schémas ou certains schémas de votre ancien partenaire. Peut-être essayez-vous de repérer selon quel mode vous avez tendance à agir ou plutôt à réagir. Il est assez commun de se reconnaître dans tous les schémas. Pas de panique ! Vous apprendrez à repérer quels schémas s'expriment le plus en vous à travers les exercices que nous allons faire dans la partie qui suit. Par ailleurs, un travail plus profond et plus précis sur les schémas peut également être mené avec l'aide d'un psychologue ou d'un psychiatre spécialisé, si vous en ressentez le besoin.

Chapitre 3

Accepter et moins souffrir

L'aide de la thérapie par la pleine conscience

La méditation en pleine conscience vient du bouddhisme et de la tradition zen. Dans les années 1970-1980, Jon Kabat-Zinn a médicalisé cette pratique, dont il a retiré les aspects religieux, pour en faire une vraie thérapie pour la gestion du stress (Kabat-Zinn, 2009). On doit ensuite à Zindel Segal, notamment, d'y avoir introduit des techniques cognitives pour en faire un protocole visant à lutter contre les rechutes dépressives (Segal, 2007). Aujourd'hui, les thérapies basées sur la pleine conscience s'utilisent de plus en plus dans les hôpitaux et les cabinets en libéral. Elles sont utilisées contre le stress, les rechutes dépressives, les douleurs chroniques, chez les patients atteints de cancer ou de maladies cardiovasculaires. Bien d'autres applications sont actuellement en cours de développement.

Les grands principes

Méditer en pleine conscience signifie être attentif, d'une manière particulière : délibérément, dans le moment présent et sans juger. Le fait de reconnaître ses pensées comme de simples pensées aide à se libérer de la réalité déformée qu'elles créent le plus souvent en nous. Cela permet d'avoir une vision plus claire de ce qui nous arrive, de ce qui nous fait nous sentir mieux, en développant une capacité à mieux gérer sa vie.

La *mindfulness* est une thérapie brève dont le but est de vous aider à opérer un changement radical dans votre relation à vos pensées, vos sentiments et vos sensations corporelles. Elle permet d'être davantage conscient de sa façon de voir les choses et, donc, de se dégager d'états d'esprit fondés sur des ruminations négatives. Elle donne des outils qu'on peut garder à vie. Elle peut même parfois changer totalement sa façon de réagir aux événements qui ponctuent une existence. Elle sert à se reconnecter au mode « être » alors qu'on est trop souvent en mode « faire », à devenir davantage conscient de ce qui se passe en soi, moment après moment, afin de pouvoir se recentrer. Elle est également utile quand il faut choisir la réponse la plus adaptée aux situations désagréables qui se présentent.

Après une rupture amoureuse

Après une rupture amoureuse, on peut souvent se laisser envahir par des émotions ou des ruminations ; on peut tout aussi bien, et à l'inverse, être dans l'évitement et passer totalement à côté de ce que l'on ressent. Le fait de pouvoir se reconnecter à soi-même favorise le processus de deuil et la gestion émotionnelle. De plus, se recentrer permet de « poser les choses » et d'éviter les comportements inadaptés. Par exemple, si j'arrive à respirer et diminuer mon intensité émotionnelle je n'enverrai peut-être pas mon soixantième SMS de la journée pour dire à mon ex que s'il ne revient pas, je mets le feu à la maison.

Il s'agit réellement de changer toute une façon de penser, d'appréhender la vie et les événements de manière adaptée afin de vivre mieux. La thérapie par la pleine conscience apprend à se centrer sur l'expérience présente, y compris les petits bonheurs quotidiens qu'on ne voit plus, à accueillir les pensées, les sensations, les émotions, quelles qu'elles soient, sans les juger, sans les éviter, sans les modifier, sans s'y opposer.

La *mindfulness* permet l'acceptation, premier pas vers la voie du mieux-être. Toute l'énergie que vous mettez à bloquer vos émotions, à lutter contre votre tristesse, à essayer de ne pas penser à votre ex, c'est de l'énergie gâchée. Si vous voulez aller mieux et guérir de votre rupture, acceptez déjà le fait que vous allez mal. Vous avez parfaitement le droit de vous sentir triste et de pleurer parce que votre amoureux vous a quitté. Ce n'est pas en vous refusant ce droit ou en luttant contre vos émotions désagréables que vous irez mieux : vous ne ferez que retarder le processus de deuil.

« Accepter » ne signifie pas que vous devez aimer ce qui vous arrive, être passif ou vous laisser marcher sur les pieds en vous résignant. Il s'agit d'accepter de voir les choses telles qu'elles sont : vous avez été quitté et vous êtes au fond du trou. Vous ne pouvez plus travailler, car vous imaginez votre ex dans les bras de quelqu'un d'autre et cette pensée vous obsède. Pas la peine d'essayer de chasser cette pensée, elle est là et c'est comme ça.

Dès l'instant où les sensations ou les émotions désagréables deviennent conscientes, elles font partie du moment présent. Nous sommes alors en mesure d'observer nos réactions automatiques et notre mode de fonctionnement quand notre esprit perd son équilibre et s'agite. La pleine conscience permet d'apprendre à arrêter tout ce que vous êtes en train de faire pour dégager du temps pour vous-même et vous occuper de vous. Vous pourrez observer l'agitation de votre esprit d'instant en instant, laisser passer vos pensées sans être emporté par elles.

Lorsque nous sommes en mode automatique, nous ne pouvons plus agir ni réfléchir de façon adaptée. Nous ne sommes plus en contact avec notre propre corps et nous pouvons même développer des problèmes physiques. Par exemple vous allez vous réveiller deux ou trois semaines après votre rupture avec le dos coincé : vous avez eu beau affirmer à tout le monde que tout allait bien, vous avez eu beau essayer de ne pas ressentir les émotions, votre corps a fini par parler pour vous. Quitte à ne pas ressentir la tristesse tout de suite, si vous aviez été connecté à votre corps, vous auriez au moins ressenti l'augmentation progressive de tensions dans votre dos.

Dans une rupture amoureuse, la *mindfulness* aide à mieux gérer sa souffrance et joue un rôle bénéfique dans l'acceptation de la situation. Elle contribue à développer un sentiment de cohérence (Kabat-Zinn, 2009), sentiment qu'on peut définir par trois composantes : la capacité à gérer, l'intelligibilité (comprendre ce qui se passe) et le sens (comprendre pourquoi). Le sentiment de cohérence est indispensable dans une rupture. Sans lui, il sera extrêmement difficile de guérir de son ex. Accueillir la tristesse, comprendre que l'autre est vraiment parti et pourquoi votre histoire s'est terminée, tout cela est indispensable au processus de deuil.

Une rupture amoureuse crée un état de stress intense. Ce stress peut être considéré comme une difficulté d'adaptation psychique et physique à ce qui vous arrive. Ce n'est finalement pas la rupture en elle-même qui est un problème, mais notre relation à la rupture et notre façon de la gérer. Pour pouvoir s'adapter à une situation, il faut la comprendre et, pour pouvoir la comprendre, il faut la voir dans sa globalité. En étant conscient de la situation globale qu'on vit avec son ex, on peut agir et non plus réagir de façon automatique. Quand on est ancré dans le calme, dans l'ici et maintenant, on développe davantage de créativité et on perçoit des solutions ou des explications qu'on n'avait même pas imaginées. Par exemple, au lieu de passer votre dimanche à vérifier votre portable au cas où Bibi appelle, vous allez vous apercevoir que « tiens, en fait, il fait beau » : la tension psychique et physique que vous ressentez pourra alors être apaisée par un bon jogging ou un cocktail en terrasse.

Être connecté à sa douleur psychique ou physique permet de participer à ses sentiments plutôt que d'en être la victime. On devient acteur. La douleur peut rester aussi forte, mais la souffrance est plus légère – la douleur est le mal de base, alors que la souffrance résulte de la tension ou de l'angoisse qu'on ajoute à la douleur. En outre, certaines études ont montré que les personnes ayant de bonnes capacités de pleine conscience étaient plus heureuses dans leurs relations amoureuses. Ces techniques vous aideront donc également lorsque vous serez prêt à vous lancer dans une nouvelle histoire !

Comment se déroulent les exercices ?

Le plus important, ce n'est pas de réussir les exercices ou de bien les faire. La *mindfulness* apprend à passer du mode « faire » au mode « être ». Si on n'a pas réussi à faire le *body scan* (voir *infra*, p. 129) parce qu'on n'était pas assez concentré ou qu'on était trop énervé, qu'est-ce que cela nous apprend sur nous-même ou sur notre fonctionnement ? L'objectif ici est seulement de vivre et de s'observer dans l'expérience de l'exercice.

Une pratique quotidienne est indispensable dans la méditation en pleine conscience. Il existe toute une batterie d'exercices possibles, mais, dans cet ouvrage, je n'utiliserai que quelques exercices issus de protocoles. Si vous désirez effectuer la thérapie complète, contactez un psychologue ou un psychiatre spécialisé (voir *infra* p. 237, « Sites utiles »).

Il est temps maintenant de prendre le taureau par les cornes et d'attaquer la pratique avec le protocole « semaine après semaine ».

TROISIÈME PARTIE

« Je passe à la pratique ! »

Agir pour me permettre d'aller mieux

Vous allez maintenant entamer votre programme de reconstruction de façon concrète.

Je vous demande de me faire confiance et de suivre chacune de mes instructions en respectant le timing et la fréquence que je vous donne.

Il est inutile de vouloir faire tous les exercices en une nuit : si vous ne laissez pas suffisamment de temps à votre esprit pour intégrer ce que vous faites, cela ne marchera pas. En revanche, si vous ne faites pas assez les exercices (ceux de pleine conscience notamment), les bénéfices que vous obtiendrez seront vraiment moins bons. N'hésitez pas à prendre le temps dont vous avez besoin. Par exemple, au lieu de faire les exercices sur une semaine, répartissez-les sur deux. En somme, vous pouvez prendre plus de temps, mais pas moins ! Ne passez pas à la semaine suivante si vous n'avez pas effectué tous les exercices de la semaine précédente.

Si votre rupture n'est pas récente, ce n'est pas grave. Prenez les exercices dès le début, comme si vous veniez de vous séparer.

Je vous guiderai semaine après semaine dans votre parcours et certains de mes patients partageront avec vous leurs exercices afin de vous aider à les réaliser.

Équipez-vous de deux cahiers. Respirez un grand coup. C'est parti !

Semaine 1

J'attaque le problème

Exercice 1. L'état des lieux

Avant de démarrer une thérapie cognitive et comportementale, les psys ont pour habitude de faire un état des lieux de ce qui se passe. Dans le métier, on appelle cela une « analyse fonctionnelle ».

À la base, il s'agit d'un entretien qui permet de construire des hypothèses comportementales et cognitives expliquant l'apparition et le maintien d'un comportement invalidant. Le but de cet entretien est de définir un niveau de base, tant du point de vue de l'intensité que du nombre de vos comportements problèmes. C'est pour pouvoir évaluer d'où on part quant à vos difficultés.

Dresser votre état des lieux va vous permettre de préciser d'où vous partez, de cibler ce que vous allez travailler et d'évaluer vos progrès. Prenez votre cahier, mais avant d'écrire quoi que ce soit, lisez bien les instructions et les témoignages qui suivent.

Voici précisément les différents items, de la grille Basic Idea, qui vont vous y aider (Lazarus, 1991 ; Cottraux, 1985).

B – Comportements. Listez tous les comportements qui, chez vous, vous posent un souci depuis votre rupture.

A – Affects qui accompagnent ce comportement. Ici vous listerez toutes les émotions et tous les sentiments en lien avec votre rupture.

S – Sensations physiques. Notez toutes les sensations que vous ressentez dans votre corps depuis votre rupture ou quand vous pensez à votre ex.

I – Imagerie mentale. Dans cette case, vous décrirez tous les scénarios que vous imaginez à propos de votre rupture, de votre souffrance, de votre ex. Ce sont les « films » que vous vous faites dans votre tête.

C – Cognitions. Indiquez toutes les pensées automatiques liées à votre rupture et à votre situation actuelle. (Si vous ne vous rappelez plus ce qu'est une pensée automatique, reportez-vous au chapitre 1, p. 73.)

I – Interpersonnel. Vous listerez ici toutes les conséquences sociales de votre rupture.

D – Drogues. Évaluez votre consommation de drogues, médicaments ou alcool. Combien de cigarettes ou de joints par jour ? Combien de verres d'alcool ? Combien de somnifères ? Suivez-vous un traitement antidépresseur ? Etc.

E – Expectatives. Quelles sont vos attentes par rapport à ce livre ? Attention à ne pas être irréaliste. N'oubliez pas que ce n'est qu'un livre et qu'il ne peut en aucun cas remplacer une thérapie. Peut-être qu'à la fin de votre lecture, vous serez guéri de votre rupture, mais peut-être aussi que vous aurez besoin d'entamer un travail sur vous avec un professionnel. Moins vous anticiperez un éventuel miracle à la lecture de ce livre et plus celui-ci aura de chances de se produire !

A – Le « A » dans la grille Basic Idea représente les attentes et les anticipations du psychologue dans une thérapie. En effet, à la fin de l'état des lieux, le psy fait des hypothèses sur l'évolution du patient et établit ses axes de travail. Évidemment, ne vous connaissant pas, je ne peux pas anticiper grand-chose ! Néanmoins, il n'y a aucune raison pour que vous n'y arriviez pas, quel que soit le temps que vous avez passé à être malheureux. Si vous avez ce livre entre les mains, c'est que vous avez envie de vous en sortir. J'ai confiance en votre résilience, vos ressources pour aller mieux.

Cela va bientôt être à vous de remplir votre état des lieux comme si vous étiez votre propre psy ! Mais, avant, voici deux analyses fonctionnelles qui vous aideront à mieux comprendre la nature du travail demandé.

Larissa a rencontré Jo en Grèce. Elle est retournée le voir là-bas un mois plus tard et il lui a demandé de vivre avec lui. Au début, cela se passait plutôt bien. Puis les conflits ont commencé. Larissa est finalement rentrée à Paris (cela faisait un an qu'elle était avec lui), elle n'en pouvait plus. Elle a beaucoup culpabilisé. Trois mois plus tard, quand il l'a rappelée, elle est retournée en Grèce, s'est remise avec lui. Là, il l'a demandée en mariage. Cela s'est bien passé pendant cinq mois. Puis la situation s'est de nouveau dégradée. Elle dit qu'il la rendait coupable de tout. C'est finalement lui qui a décidé de rompre.

Voici l'état des lieux de Larissa lorsqu'elle vient me voir la première fois.

B – Comportements. J'ai du mal à entendre son prénom. Tout prend de trop grosses proportions. J'ai du mal à faire mes démarches pour ma recherche d'emploi, j'ai du mal à rencontrer les gens, à me projeter. Je fais des crises d'angoisse, je ne supporte pas que l'on ne me rappelle pas, j'ai perdu confiance en moi, je ne supporte pas tout ce qui se rapporte à la Grèce. Je suis anxieuse et fatiguée. J'ai des troubles du sommeil (difficultés d'endormissement, réveils nocturnes, sommeil non réparateur). J'ai perdu l'appétit, je me pèse trois fois par jour, j'ai de gros problèmes d'attention et des troubles de la mémoire.

A – Affects. Trahison, injustice, tristesse, chagrin, nostalgie, me sens mal dans ma peau, angoisse.

S – Sensations physiques. Nausée, boule dans le ventre, bouffé de chaleur, vertige, frustration sexuelle.

I – Imagerie mentale. *J'imagine que Jo va tout quitter pour venir me voir, je me visualise en train de sombrer. Je fais des rêves assez morbides où j'imagine la mort de Jo.*

C – Cognitions. *Je ne suis plus personne, j'ai peur que les gens ne m'aiment pas, j'ai forcément mal fait, il ne me porte aucun intérêt, j'ai perdu du temps, j'ai été bafouée, trahie, abusée. Ma souffrance va me tuer.*

I – Interpersonnel. *Plus envie de voir personne.*

D – Drogues. *Je bois un verre chaque soir, je fume un paquet de cigarettes par jour.*

E – Expectatives. *Me débarrasser de mon sentiment d'injustice permanent, lâcher prise, prendre du recul, lâcher mon besoin de vérité. Moins m'accabler et m'investir pour les autres. Moins culpabiliser, être moins impulsive et en colère. Moins attendre des autres. Exprimer mes sentiments de façon plus adaptée.*

Le nombre de difficultés rencontrées par Larissa nous a amenées à d'abord hiérarchiser ce qu'elle voulait travailler prioritairement – faire des démarches professionnelles, puis reprendre du poids. Si vous aussi vous vous sentez envahi et débordé par trop de difficultés, commencez par quelque chose d'accessible. Ces mini-objectifs vous conduiront à de petites victoires qui vous permettront de reprendre confiance en vous pour aborder des objectifs plus compliqués.

Voici maintenant l'état des lieux de Maya, 38 ans, qui vient me voir à la suite d'une rupture qui a eu lieu un mois auparavant. Maya a rencontré son ex sur Internet. Leur relation a duré quelques mois. Il a rompu brutalement, lui expliquant qu'il n'arrivait pas à tomber amoureux d'elle.

B – Comportements. *Vérification constante des appels, SMS, mails, etc. Je me mets à lire mon horoscope le matin. Je le googlise, je me réfère toujours à lui dans les discussions. Je ne prends plus de rendez-vous le week-end au cas où il m'appellerait. Je dors beaucoup plus ou j'ai des insomnies, je mange plus sucré. Je n'arrive plus à profiter de l'instant présent. Je n'arrive*

plus à me concentrer au travail. J'annule des déjeuners sans raison. Je me replie.
A – *Affects.* *Tristesse, désarroi, anxiété, angoisse, déception, colère.*
S – *Sensations physiques.* *Migraines, maux d'estomac, respiration saccadée, fébrilité.*
I – *Imagerie mentale.* *Je ressasse tous les moments passés avec lui, j'imagine qu'il reprend contact avec moi et qu'on emménage ensemble.*
C – *Cognitions.* *Il me manque, j'ai besoin de le voir, ma solitude me pèse. Je n'ai pas de projets, je ne suis bien que dans le travail. Les autres sont heureux et pas moi. J'ai envie de changer de vie. Je suis vieille, quelqu'un de bien qui pourrait me convenir ne voudra pas de moi ; lui me convenait.*
I – *Interpersonnel.* *Je suis en quête affective. Je fuis les femmes célibataires plus vieilles que moi car elles représentent ce que j'ai peur de devenir, je fuis les contacts inutiles. Je fais attention à avoir l'air bien, je scrute le regard des autres, je me compare aux femmes dans la rue. Je n'arrive plus à écouter mes collègues quand ils parlent de leur famille, je ne réponds pas quand on me demande comment je vais.*
D – *Drogues.* *Rien.*
E – *Expectatives.* *Je sais que je vais m'en sortir, mais je me mets des barrières. Je ne sais pas comment faire pour aller de l'avant.*

Maintenant c'est à vous ! Prenez un cahier et faites votre état des lieux.

✍ Mon état des lieux

B – Comportements.

....

....

A – Affects qui accompagnent ces comportements.

....

....

S – Sensations physiques.

....

....

I – Imagerie mentale.

....

....

C – Cognitions.

....

....

I – Interpersonnel.

....

....

D – Drogues.

....

....

E – Expectatives.

....

....

Exercice 2. Le *body scan* ou scan corporel

Le *body scan* est un exercice de pleine conscience issu du protocole MBSR, ou *mindfulness-based stress reduction* (Kabat-Zinn, 2009). Il ne s'agit pas d'un exercice de relaxation à proprement parler – il peut vous relaxer ou non –, mais il va vous aider, dans un premier temps, à prendre conscience de vos différentes sensations physiques, à vous réapproprier votre corps.

La gymnastique psychique que vous allez entreprendre maintenant diminuera également vos ruminations mentales et vous permettra de vous réancrer dans l'instant présent. Je vous demande une fois encore de ne pas anticiper les bienfaits de cet exercice (ou son absence d'effets), mais d'en vivre pleinement l'expérience et de vous observer dans l'instant présent.

Dans cet ouvrage, nous n'utiliserons que trois exercices de pleine conscience. Si vous sentez que ces exercices vous conviennent, je vous encourage à effectuer la thérapie complète (voir « Sites utiles » en annexe).

Vous avez plusieurs façons d'effectuer l'exercice qui suit :

- vous lisez les instructions, puis vous faites l'exercice ;
- vous vous enregistrez en train de lire les instructions, puis vous effectuez votre exercice à l'aide de votre enregistrement (recommandé) ;
- vous récupérez un enregistrement de *body scan* sur Internet, puis vous l'utilisez pour faire votre exercice.

Il existe également des CD qui sont vendus avec certains livres spécialisés en pleine conscience (voir bibliographie en fin d'ouvrage, p. 235).

Avant de commencer, assurez-vous d'avoir 30 minutes devant vous pendant lesquelles vous ne serez pas dérangé.

Allongez-vous sur le dos, bras le long du corps, paumes des mains vers le haut. Commencez par prendre conscience de votre respiration, sans la forcer, en la laissant simplement être ce qu'elle est. Portez votre attention sur les sensations que vous éprouvez dans votre nez, votre gorge, vos poumons, votre ventre à chaque inspiration et expiration.

Chaque fois que votre esprit s'évade et se détourne de votre respiration, notez dans un coin de votre tête à quoi vous pensez, comme sur un Post-it, sans rejeter la pensée, puis ramenez votre attention sur votre respiration. Faites cela autant de fois que nécessaire.

Si vous sentez les larmes monter, accueillez ces émotions, n'essayez pas de les contrôler. N'ayez pas peur.

Portez maintenant votre attention sur vos doigts de pied. Examinez toutes les sensations dans vos orteils – picotements, frottements, température – ou pas de sensation du tout.

Élargissez ensuite votre attention à l'ensemble de vos pieds – plante de pieds, cou-de-pied, talons, chevilles. Imaginez que vous projetez votre respiration à l'intérieur de vos pieds. Puis poursuivez votre exploration dans vos mollets, vos tibias, vos genoux, vos cuisses. Utilisez votre respiration comme un véhicule pour explorer vos sensations physiques.

N'oubliez pas, chaque fois que votre esprit s'évade, de noter dans un coin de votre tête à quoi vous pensez, puis ramenez votre attention sur votre corps.

Continuez ensuite avec votre bassin, votre ventre, votre estomac, votre poitrine, en portant une attention particulière aux sensations que vous éprouvez dans vos côtes à l'inspiration et à l'expiration. Continuez avec vos épaules, vos bras, vos coudes, vos avant-bras, vos poignets.

Poursuivez avec la paume de vos mains, le dos de vos mains, puis le long de vos doigts jusqu'à leur extrémité.

Portez maintenant votre attention sur votre dos, en partant du bas et en remontant jusqu'en haut, comme si votre respiration scannait votre dos.

Examinez ensuite les sensations au niveau de votre nuque, de votre crâne, de vos oreilles, de votre visage.

Concentrez-vous maintenant sur votre corps comme un tout. Sentez l'air y circuler librement, de vos pieds jusqu'à votre tête et de votre tête jusqu'à vos pieds, comme un fluide, comme si tout votre corps respirait. Si vous percevez des sensations plus intenses ou douloureuses, explorez-les avec un maximum de bienveillance. Entourez ces sensations avec votre respiration, puis respirez à l'intérieur. Et, du mieux que vous le pouvez, à chaque expiration, laissez aller ces sensations. Revenez ensuite à la perception de votre corps comme un tout. Faites cela aussi longtemps qu'il est nécessaire, puis, quand vous êtes prêt, rouvrez les yeux.

Notez dans votre cahier toutes les sensations importantes et toutes les pensées que vous aurez eues pendant cet exercice.

Je vous demande d'effectuer cet exercice *tous les jours pendant la première semaine*. Choisissez le moment le plus propice pour vous, en fonction de votre emploi du temps.

Le *body scan* doit durer à peu près 30 minutes, mais il vaut mieux faire un *body scan* de 10 minutes plutôt que pas du tout !

Exercice 3. Les 30 minutes Calimero

Prenez 30 minutes par jour pour penser intentionnellement à votre ex et pleurer autant que vous le voudrez. Il est important que vous accueilliez vos émotions désagréables et vos pensées obsédantes sans essayer de les rejeter. Si pendant cette demi-heure vous ne pleurez pas, tant mieux. Accordez-vous simplement du temps pour votre chagrin. Ce temps-là est primordial.

Il ne s'agit pas de vous lamenter sur votre sort, de jouer à la victime, de vous complaire dans votre peine, mais de prendre, ici et maintenant, le temps d'évaluer ce que vous ressentez quand vous pensez à votre ex. N'oubliez pas : moins vous voulez y penser et plus vous allez y penser ; alors autant le décider ! Si cela est plus facile pour vous, vous pouvez aussi écrire.

Ben, 25 ans, est séparé de sa copine depuis quelques mois lorsqu'il vient me voir. C'est lui qui a rompu, mais il l'a fait malgré lui. Il vit donc cette séparation comme s'il avait été quitté. Comme il se sent plus à l'aise à l'écrit, il a choisi d'effectuer ce travail sur son cahier. Voici un extrait de ses réflexions.

Je n'avais jamais ressenti ce que pouvait être une rupture. Une vraie. Je n'avais « rien à rompre » avant, car ce qui me reliait à mes partenaires jusque-là n'était qu'hormonal. Une pulsion. Jamais d'affect. Jamais d'amour.

Quand j'ai rompu, j'étais persuadé que le plus dur serait de le faire le plus « gentiment » possible, mais je me suis rendu compte dès les premières heures qu'il y avait vraiment quelque chose de bizarre. Comme un énorme creux. Pas la caricature du cœur brisé, non, mais un manque, un vide. Comme si, d'un seul coup, il manquait quelque chose à mon corps.

J'avais l'impression que tout le bonheur possible était derrière moi et que toutes les choses à venir seraient forcément vides de sens. Rien ne pouvait être intéressant et rien ne pouvait être bon. L'impression que mon réservoir à bonheur était vide ; pire, percé, avec impossibilité de le remplir à nouveau.

Ce qui était affreux, c'est que je savais que ça ne servirait à rien de la rattraper, de me remettre avec elle, de lui faire de grandes déclarations.

J'étais au fond du gouffre avec aucune sortie possible. Et surtout aucune raison d'en chercher une.
S'est ensuivie une énorme perte de confiance en moi. Je devais être quelqu'un de vraiment faible pour ne pas encaisser, comme ça, une rupture, alors que c'était moi qui étais parti…
C'était n'importe quoi. Je voulais la rappeler, lui parler, alors que, depuis très longtemps, on était devenus incapables de discuter. J'étais persuadé que recréer ce lien, ne serait-ce qu'un moment, me permettrait d'être heureux un instant. Que ça me réparerait…
C'était vraiment dur. Le monde continuait de tourner, des gens s'inquiétaient pour moi et, moi, je voulais être seul. En fait, je m'en foutais complètement. Tout ce que je voulais, c'était que cet état s'arrête.
On sait que ça va forcément s'arrêter. Mais ça continue. Et plus ça dure, plus on angoisse. J'ai été mal très longtemps (trop longtemps à mon goût). Je ne pouvais pas penser à elle sans que toutes mes émotions remontent d'un coup. J'avais peur de penser à elle. Ma rupture m'a appris à avoir peur…

Le seul fait pour Ben de pouvoir affronter sa culpabilité, son angoisse et son sentiment d'échec lui a permis de commencer réellement son processus de deuil. N'oubliez jamais que l'évitement ne résout rien.

Résumé semaine 1

- Faire mon état des lieux.
- Faire mon *body scan* une fois par jour.
- Prendre 30 minutes par jour pour penser à mon ex.

Semaine 2

Je me transforme en détective

Exercice. Je m'observe

Pour pouvoir agir sur des émotions, des comportements ou des pensées, il faut déjà pouvoir les identifier et les analyser correctement. Cette semaine, je vais vous apprendre une technique qui devrait vous éclairer un peu sur ce qui se passe en vous.

C'est un tableau qui vous permettra d'analyser plus précisément les situations difficiles que vous vivez au quotidien. Quand je parle de situations difficiles, j'entends n'importe quelle situation de votre quotidien professionnel, personnel, familial qui vous a énervé, angoissé, attristé, agacé, qui a fait naître chez vous des émotions désagréables. Qu'il s'agisse d'une situation importante ou d'un petit détail comme « le serveur du restaurant ne m'a pas regardé » ou « je me suis coupé en me rasant ce matin », il est important que vous ne censuriez aucune situation désagréable sous prétexte que vous la jugez stupide.

Dans ce tableau, vous pouvez noter des situations désagréables en lien avec votre rupture, mais également des situations qui, à première vue, n'ont pas de rapport. Cela vous permettra d'identifier les types de situations et les domaines qui déclenchent chez vous des émotions disproportionnées.

La première case de notre tableau est la case « SITUATION ». Dans cette case, il vous faudra décrire simplement ce qui s'est passé, de façon totalement factuelle, en mettant de côté toute émotion et toute interprétation.

Dans la deuxième case, vous inscrirez vos « ÉMOTIONS » et vos « SENTIMENTS », c'est-à-dire ce que vous avez ressenti dans cette situation et juste après.

Dans la troisième case, vous inscrirez vos « SENSATIONS PHYSIQUES », soit ce que vous avez ressenti dans votre corps.

Dans la quatrième case, vous inscrirez vos « PENSÉES AUTOMATIQUES ».

Dans la cinquième case, vous décrirez vos « COMPORTEMENTS », ce que concrètement vous avez fait ou dit dans la situation.

Si vous avez besoin de vous rafraîchir la mémoire sur ce qu'est une émotion ou une pensée automatique, reportez-vous au chapitre 1, p. 73.

Afin de vous aider à remplir votre propre tableau, voici ceux que m'ont rapportés certains de mes patients.

Vous vous souvenez de Lucie, 40 ans, qui nous avait livré ses pensées automatiques ? Voici son tableau. Elle y aborde une situation en lien direct avec sa rupture, dont le thème est le manque d'empathie de son ami.

SITUATION	*Je raconte à un ami un échange que j'ai eu avec mon ex et il me répond que je perds mon temps avec des gens qui n'en valent pas la peine.*
ÉMOTIONS, SENTIMENTS	*Tristesse. Vexation. Déception. Colère.*
SENSATIONS PHYSIQUES	*Boule dans la gorge.*

Pensées automatiques	*Ça ne l'intéresse pas. Il ne me comprend pas. Encore un qui ne se met pas à ma place. Il ne me prend pas en considération. Il pense détenir la vérité. Il doit me trouver pitoyable.*
Comportements	*Je ne dis rien. Je pleure. Je boude.*

Maintenant, un autre tableau, celui d'Amandine. Si, cette fois, il n'a pas de lien direct avec une rupture amoureuse, il a activé chez cette jeune femme de nombreuses émotions douloureuses.

Amandine est célibataire depuis neuf ans. Elle s'est séparée de Jack et, depuis, elle n'a eu aucune histoire sérieuse. Je vous raconterai l'histoire de Jack et Amandine un peu plus tard mais, en attendant, voici l'un des tableaux qu'Amandine me rapporte.

Situation	*Ma copine ne me donne pas de nouvelles après proposition (et acceptation de sa part) d'un pique-nique. C'est une amie qui a eu de gros problèmes de santé, mais qui a globalement tendance à annuler des rendez-vous et pour laquelle je fais beaucoup de concessions.*
Émotions, sentiments	*Agacement. Lassitude. Perte de repères.*
Sensations physiques	*RAS.*
Pensées automatiques	*Ça recommence, j'en ai marre d'être la dernière roue du carrosse. Les gens annulent toujours les rendez-vous avec moi.*
Comportements	*Je lui envoie un mail en disant que, comme je n'ai pas eu de réponse, j'ai accepté une autre proposition, ce qui n'est pas vrai.*

En apparence, le tableau d'Amandine n'a pas vraiment de rapport avec sa rupture et son célibat. Néanmoins, on voit que la thématique en est le rejet et le fait de se sentir abandonnée – ici, par son amie.

Amandine a *a priori* raison d'être agacée par le désistement de sa copine ; le problème est le caractère disproportionné des émotions que cette situation suscite et les pensées automatiques qu'elle fait naître.

Voici maintenant un dernier exemple, axé directement sur les problématiques que l'on peut rencontrer après une rupture.

Sarah, 26 ans, vient me voir suite à sa rupture avec Raphaël. Elle a perdu 7 kilos et a déjà été hospitalisée deux fois. Raphaël, lui, s'est remis en couple récemment.

SITUATION	*Je vais sur le profil Facebook de Raphaël et je tombe sur des photos de lui et sa copine.*
ÉMOTIONS, SENTIMENTS	*Jalousie. Tristesse. Colère. Angoisse. Vide. Impuissance. Regret. Culpabilité.*
SENSATIONS PHYSIQUES	*Mal au ventre. Perte d'appétit. Augmentation du rythme cardiaque.*
PENSÉES AUTOMATIQUES	*Je n'ai pas compté. Elle est mieux que moi. Je regrette ce que j'ai pu faire. Je regrette les moments passés ensemble. Elle a ce que j'aimerais avoir. Tout est de ma faute. J'aurais dû me rendre compte de ma chance. Je suis passée à côté de l'homme de ma vie.*
COMPORTEMENTS	*Je ferme et rouvre la fenêtre Facebook une vingtaine de fois. Je détaille la photo. J'arrive finalement à me déconnecter. Je me renferme.*

Sarah ressent un fort sentiment de culpabilité par rapport à sa rupture. Elle estime que si on l'a quittée, c'est uniquement à cause d'elle. Elle déclenche des comportements obsessionnels qui ne vont qu'aggraver sa souffrance.

Maintenant, c'est à vous ! Durant cette deuxième semaine, chaque fois que vous serez confronté à des situations désagréables, analysez-les en remplissant ce tableau à cinq cases dans votre cahier. Essayez de remplir votre tableau le plus tôt possible après la situation, car plus vous attendrez, plus vous aurez de mal à faire l'exercice. Avec le temps, les pensées automatiques se modifient et les émotions s'estompent : il devient plus difficile de les retrouver et de mettre des mots dessus.

✍ Mon tableau « Situations difficiles »

Situation	....
Émotions, sentiments	....
Sensations physiques	....
Pensées automatiques	....

Comportements	....

Durant cette semaine, continuez également votre *body scan*.

Résumé semaine 2

- Faire mon *body scan*.
- Remplir mon tableau à chaque situation difficile.

Semaine 3

Je pose les choses

Exercice 1. Méditation assise

Cette semaine, nous allons introduire un nouvel exercice de méditation de pleine conscience (*mindfulness*). Comme pour le précédent (voir p. 135), je vous invite à vous enregistrer et à faire votre exercice à l'aide de cet enregistrement.

Mettez-vous en position assise, le dos droit. Vous pouvez soit vous installer sur une chaise, soit vous asseoir par terre en tailleur sur un coussin. Fermez les yeux et commencez par vous concentrer sur votre respiration, sur les sensations présentes dans votre nez, votre gorge, vos poumons, votre ventre à chaque inspiration et à chaque expiration.

Prenez quelques instants pour vous réinscrire dans l'instant présent, dans l'ici et maintenant, dans cette pièce.

Élargissez ensuite votre attention à tout votre corps, comme si vous l'enveloppiez d'une bulle de respiration. Accordez-vous un maximum de bienveillance.

Prenez 10 minutes pour effectuer cette étape.

Portez maintenant votre attention sur les sons qui vous entourent. Les sons proches, les sons lointains, au-dessus, en dessous ou à côté de vous. Les sons évidents et les sons plus subtils. Du mieux que vous le pouvez, concentrez-vous sur les caractéristiques de ces sons – sonorité, durée, fréquence, aigu, grave, etc. Chaque fois que vous vous mettez à interpréter les sons ou que votre esprit s'évade, notez dans un coin de votre tête à quoi vous pensez, puis ramenez votre attention vers les sons comme simples sensations sonores, comme si tout votre corps réceptionnait les sons.

Prenez 10 minutes pour effectuer cette étape.

Portez maintenant votre attention sur vos pensées. Imaginez-vous devant un écran de cinéma et regardez défiler vos pensées sur cet écran. Regardez-les apparaître et disparaître de l'écran. Regardez-les comme un observateur, sans les juger, simplement en constatant qu'elles sont là et qu'elles passent. Si, au début, aucune pensée n'arrive sur l'écran, ne vous inquiétez pas, c'est tout à fait normal. Attendez simplement et patiemment qu'elles arrivent, comme si vous attendiez le début d'un film.

Prenez 10 minutes pour effectuer cette étape.

Après l'exercice, si vous le désirez, vous pouvez noter dans votre cahier les pensées qui sont apparues à l'écran.

Durant cette semaine, vous effectuerez cet exercice tous les jours. Vous pourrez y ajouter le *body scan*, mais c'est optionnel. Continuez en revanche votre tableau d'observation des situations difficiles (voir p. 140).

Exercice 2. Opération « Je récupère mes affaires »

Si vous avez des affaires à récupérer chez votre ex ou des papiers communs urgents à régler, je vous demande d'essayer de vous en occuper également cette semaine. Il est important, pour débuter sereinement son processus de deuil, de commencer par faire le ménage. Les affaires que vous avez chez elle ou qu'il a chez vous, les comptes joints et toutes les choses que vous avez en commun sont des liens qui maintiennent la relation. Il peut parfois être difficile de couper ces derniers liens. Faites-le donc à votre rythme. Si vous sentez que c'est trop tôt pour vous, commencez au moins par faire la liste des objets à récupérer et des démarches à effectuer.

Résumé semaine 3

- Faire l'exercice de pleine conscience assis.
- Remplir mon tableau « situations difficiles ».
- Récupérer mes affaires et régler les derniers papiers.

Semaine 4

Je fais face !

Comment allez-vous ? Si vous commencez à vous sentir un peu mieux, j'en suis ravie pour vous. Surtout, ne relâchez pas vos efforts, car, pour ne pas « rechuter », vous avez encore beaucoup de choses à consolider. Si vous avez l'impression que vous n'avez pas avancé d'un pouce sur le plan émotionnel, c'est tout à fait normal : vous entamez la quatrième semaine du protocole et, en « temporalité rupture », ce n'est pas beaucoup !

Exercice 1. Les pensées alternatives ou « Comment puis-je voir les choses autrement ? »

Nous allons maintenant reprendre l'exercice du tableau (voir p. 136) et le prolonger. Choisissez une situation que vous avez déjà décrite dans votre cahier et ajoutez-y la case « PENSÉES ALTERNATIVES ». Les pensées alternatives permettent de voir la situation autrement, d'éclairer la scène avec un spot différent. L'idée n'est pas de vous amener à vous dire : « Il vaut mieux penser d'une façon plutôt que d'une autre », mais de vous permettre d'accéder à un choix plus large dans votre manière d'interpréter une situation, de ne pas rester bloqué sur une seule manière de voir ou de comprendre les choses. En fait, il s'agit d'améliorer sa « flexibilité mentale ».

Pour cela, reprenez vos pensées automatiques, dégagez-en la thématique principale et demandez-vous ce que vous auriez pu avoir comme autres pensées et, par voie de conséquence, comme autres émotions. Prenez-les une par une et essayez pour chaque pensée automatique de trouver au moins deux pensées alternatives.

Voici quelques questions pour vous aider à trouver vos pensées alternatives :

– Comment puis-je penser la situation autrement ?

– Si cette situation arrivait à un copain ou à une copine, qu'est-ce qu'il ou elle en penserait ?

– Si je suis un cameraman et que je filme la situation, qu'est-ce que j'en pense ?

– Si cette situation m'était arrivée il y a dix ans (ou à un moment où je n'étais pas déprimé), qu'est-ce que j'en aurais pensé ?

Si au début vous ne croyez pas à 100 % à vos pensées alternatives, ce n'est pas grave. Pour l'instant, essayez simplement de les trouver.

À titre d'exemple, retrouvons Sarah, désormais en proie à une situation indirectement liée à sa rupture. La thématique de la situation est encore une fois le rejet. Dès que Sarah se sent rejetée lui reviennent à l'esprit sa rupture ainsi que tous les abandons qu'elle a vécus dans sa vie. En outre, le fait de voir sa sœur avec son copain lui rappelle à quel point elle est seule.

SITUATION	*Ma sœur va au centre commercial avec son copain et je lui demande si je peux les accompagner. Elle me dit non.*
ÉMOTIONS, SENTIMENTS	*Déception. Tristesse. Abandon. Colère. Trahison.*
SENSATIONS PHYSIQUES	*Poids sur le cœur et l'estomac. Respiration saccadée. Tension musculaire.*
PENSÉES AUTOMATIQUES	*Je suis une fouteuse de merde qu'on n'a pas envie de traîner. Elle choisit son copain plutôt que moi. On est devenues deux étrangères. C'est une ingrate. Je n'ai pas ma place. On me remplace toujours par quelqu'un. Je ne sers à rien. Si je n'étais pas là, ça serait pareil. Je suis une figurante dans la vie des autres.*
COMPORTEMENTS	*Je pleure. Je me renferme. Je m'isole.*
PENSÉES ALTERNATIVES	*Elle veut profiter de son copain. Elle ne pense pas à mal et ne se rend pas compte. Ça ne sera pas tout le temps comme ça. Ça n'est pas parce que, cette fois, je ne suis pas prioritaire qu'elle ne m'aime pas. Personne ne peut m'enlever ma place de sœur.* *Ce n'est pas parce que je suis seule qu'elle n'a plus le droit de profiter de son copain.*

Retrouvons maintenant Maya qui a perdu totalement confiance en elle depuis sa rupture, et qui, dans une situation qui peut paraître banale et anodine au premier abord, éprouve une détresse importante. Le simple fait de croiser des jeunes femmes dans la rue renvoie Maya à sa situation de femme célibataire de 38 ans…

SITUATION	*Je vois des jolies filles dans la rue.*
ÉMOTIONS, SENTIMENTS	*Tristesse. Désarroi.*
SENSATIONS PHYSIQUES	*RAS.*

Pensées automatiques	*Je suis nulle à côté. Je suis vieille. Je ne ressemble à rien. Elles sont bien dans leur peau. Il trouvera une fille beaucoup mieux que moi. Elles sont féminines.*
Comportements	*Je me fais toute petite.*
Pensées alternatives	*Mes amies me trouvent intéressante et mignonne. Je suis encore jeune. Je séduis encore. Je suis capable de me mettre en valeur. Leur vie n'est pas parfaite. J'ai du charme.*

Pour tous vos prochains tableaux, je vous demanderai donc de remplir la case « PENSÉES ALTERNATIVES ». Si vous n'y arrivez pas au moment de la situation, ce n'est pas grave : vous le ferez après. Plus vous vous entraînerez, plus vous arriverez à le faire sur le moment.

✍ Mon tableau « Situations difficiles » avec mes pensées alternatives

Situation	....
Émotions, sentiments	....
Sensations physiques	....

Pensées automatiques	....
Comportements	....
Pensées alternatives	....

L'exercice suivant ne va pas être évident, mais il est indispensable.

Exercice 2. Le récit

Vous allez écrire dans votre cahier le récit de votre histoire d'amour : comment vous vous êtes rencontrés, comment il se comportait avec vous, comment s'est déroulée votre histoire et comment elle s'est terminée. Illustrez votre récit avec des anecdotes, des traits de personnalité le concernant. Ce n'est pas une lettre destinée à lui être adressée, mais un récit.

Une fois que vous aurez écrit votre histoire, laissez-la dans un coin quelques jours puis, si possible, demandez à une amie de vous la lire à haute voix. Si ce n'est pas possible, vous vous la lirez vous-même à haute voix.

Certaines de mes patientes ont accepté de partager avec vous leur histoire. Cela vous permettra de bien cerner le travail que je vous demande ici. Peut-être aussi vous reconnaîtrez-vous dans certains récits.

Comme promis, voici, pour commencer, l'histoire d'Amandine et Jack.

(…) Les débuts ont été calmes et peu fusionnels. J'avais su assez rapidement qu'il était sorti avec une autre fille alors qu'on était ensemble depuis moins d'une semaine. J'ai pris la nouvelle avec une relative légèreté. Je me disais que l'on venait juste de commencer, qu'il n'était pas « engagé », qu'après tout, c'était avec moi qu'il était resté (…).

À la rentrée, nous ne faisions pas nos études dans la même ville. Du coup, on se voyait le week-end, on se téléphonait une fois par semaine et on s'écrivait.

Puis nous avons finalement été réunis dans la même ville. Nous nous sommes donc vus un peu plus mais Jack s'est progressivement montré distant (« je ne peux pas te voir, j'ai rendez-vous chez le dentiste » – il m'a avoué par la suite qu'il n'était pas allé chez le dentiste depuis des années et qu'il avait sans doute inventé cette excuse). Nous nous sommes finalement séparés avant les vacances d'été.

À la rentrée il est passé à l'appartement, j'y étais seule. Nous avons discuté, et nous sommes ressortis ensemble.

J'ai appris qu'il avait eu une aventure pendant les vacances.

Il continuait à voir ce groupe d'amis – dont la fille avec qui il était sorti. Un soir, en l'accompagnant à une soirée, elle était là. Elle avait l'air très malheureux et pleurait dans la cuisine ; j'étais extrêmement mal à l'aise, car, indirectement, c'était ma faute. À cette soirée, je suis devenue amie avec cette fille, celle avec qui il m'avait trompée… Dès cette époque, j'avais le sentiment d'être plus attachée à Jack qu'il ne l'était à moi. J'avais besoin qu'il me prouve que je comptais (…).

Après, il ne m'a jamais plus invitée aux soirées avec ses amis. Je n'ai jamais vraiment su si c'est parce qu'il avait honte de moi, s'il me trouvait trop coincée par rapport à eux, s'il voulait pouvoir se lâcher complètement.

Une fois de plus, nous allions être séparés par nos études. La veille de mon départ à Lille, on devait se voir. Je me souviens qu'il est arrivé très en retard parce qu'il regardait un film alors que c'était notre dernier moment ensemble avant quelque temps. Je ne sais plus très exactement ce que nous nous sommes dit à ce moment-là mais, ce que j'ai en mémoire, c'est que je demandais à être un peu rassurée sur la manière dont notre relation allait pouvoir continuer ; lui tenait un discours du type « on verra ».

Jack est venu souvent me voir à Lille cette année-là. Une fois, c'est même moi qui lui ai payé le trajet. Je ne sais pas pourquoi j'ai fait cela, peut-être pour ne pas être redevable. En fin de deuxième année, je suis rentrée un week-end avant les partiels. J'avais vraiment envie et besoin de le voir. Je ne sais pas exactement ce qui a tourné vinaigre, mais nous nous sommes à nouveau séparés.

Finalement, nous nous sommes revus aux vacances de Noël. Je lui ai dit que cette fois-ci je voulais qu'il soit sûr, que pour moi c'était un engagement, qu'on ne pouvait pas continuer à avoir une relation de ce genre. Nous sommes ressortis ensemble. Au départ, je souhaitais que l'on n'en fasse pas part à notre entourage, que l'on pose les « vraies bases » pour asseoir notre relation et cesser ces allers-retours incessants (...).

On a fini par habiter ensemble (...).

Il souhaitait que ses chemises et ses chaussettes de sport soient lavées à la main – pour ne pas abîmer les premières, pour que les secondes soient lavées impeccablement. Si je repassais une de ses chemises en même temps que mes affaires, systématiquement, il jugeait que ce n'était pas assez bien fait.

Si mes amies venaient dîner à la maison, il dînait avec nous, puis regardait la télé sans plus nous adresser la parole ; c'était très gênant.

Nous sommes partis en vacances l'été à La Rochelle, c'était très sympa, on a vraiment passé de bons moments. La semaine suivante, j'étais encore en vacances. Et je crois que je l'agaçais parce que j'en profitais pour passer du temps avec des amies au lieu de m'occuper de l'appartement. (Lui ne travaillait pas non plus à ce moment-là.)

Il m'a également expliqué que, pour lui, je ne ferais pas une bonne mère parce que, par exemple, je ne rangeais pas les produits ménagers : ils

étaient à portée d'enfants potentiels... J'ai trouvé cette remarque déplacée. N'ayant pas d'enfants, je ne voyais pas pourquoi je devais agir comme si j'en avais. Mais la remarque m'a blessée.
Un soir, je regardais une bêtise à la télé, quand il est rentré. Comme ça ne lui convenait pas, il a juste pris la télécommande et a changé de chaîne, sans me demander mon avis. Je suis allée me coucher.
Nous sommes partis en vacances en Afrique avec mes parents à Noël. Lors d'une randonnée sur un volcan, il a rencontré une fille originaire de là-bas ; ils ont sympathisé et décidé de faire des randos de plusieurs jours tous les deux. Ce n'est pas que je craignais qu'il se passe quoi que ce soit entre eux, mais cette façon qu'il avait de décider de ce qu'il voulait faire sans prendre mon avis, sans essayer au moins d'évaluer l'impact que cela pouvait avoir sur moi... Je me disais que je n'avais aucune valeur et que, quoi que je pense, cela n'avait pas d'importance. Lors de ce séjour, mes parents ont dû rentrer d'urgence en France, car l'un de mes oncles est décédé. Nous, nous sommes restés, mais j'étais très peinée. Pour autant, il est tout de même parti faire sa rando avec la jeune femme du coin, me laissant seule dans ce moment difficile.
Je crois que j'avais toujours l'impression de ne pas être assez bien – trop grosse, trop bruyante, trop excessive...
Finalement, c'est moi qui l'ai quitté. J'ai beaucoup culpabilisé...

Amandine a mis des mois à réaliser combien elle avait été maltraitée par Jack. Lorsque je lui ai relu son récit, elle s'est mise à pleurer en me disant : « C'est bien triste... » Elle était triste pour elle, ce qui constitue le début d'une prise de conscience.

Aujourd'hui, elle s'est remise de cette histoire. Elle sait comment distinguer les hommes bons pour elle des hommes toxiques. Elle sait qu'elle mérite quelqu'un qui la respecte et qui ne vienne pas réalimenter ses schémas.

Voici maintenant le récit de Nina, 30 ans ; elle a choisi une autre façon de structurer son récit.

Le déroulement de l'histoire

J'ai rencontré Louis en première, c'était un redoublant. Lorsque je suis sortie avec lui, j'avais 16 ans ; lorsque je l'ai quitté, j'en avais 23.

Ce garçon avait un fort ascendant psychologique sur moi, il était différent de toutes les personnes que j'avais connues : très intelligent, très doué de ses mains, très révolté contre la misère du monde et la suprématie des puissants… Bref, il m'impressionnait, et il a fallu finalement assez peu de temps pour que je le considère comme le détenteur de la vérité absolue.

On est restés deux ans dans le même lycée ; on était toujours ensemble et le week-end je passais beaucoup de temps chez ses parents avec lui. C'était quelqu'un de très exigeant, très pointilleux, et on s'engueulait très souvent. Des engueulades longues, où il finissait toujours par avoir le dernier mot. Je me souviens que nos disputes avaient principalement pour origine une maladresse que j'avais dite ou faite. Il ne supportait pas ma maladresse, et je ne supportais pas qu'il ne supporte pas ma maladresse. Et ça durait des heures.

Pendant ces années lycée, je me suis progressivement éloignée de mes amis ; il détestait ma meilleure amie, et ma meilleure amie le détestait car elle le trouvait tyrannique (…).

Ce que je retiens de tous ces week-ends passés là-bas, c'est qu'on fumait toute la journée, que je m'ennuyais fort et que je n'étais pas à l'aise, car il passait son temps à travailler ou à parler son avec les membres de son groupe de musique. Il piquait aussi des crises de colère terribles contre eux, qui l'admiraient et le craignaient tout comme moi. On s'engueulait tous les deux aussi…

Louis faisait ses études dans une autre ville. Du coup, à l'université, je respirais pendant la semaine, avec mes amis. J'y étais très libre, ce sont mes meilleurs souvenirs. Par contre, je me souviens que c'est à cette époque que j'ai commencé à trop boire en soirée, alors que je ne buvais jamais quand j'étais avec Louis. Jamais trop en tout cas. Souvent c'était lui qui revenait le week-end et on le passait chez ses parents. J'ai passé beaucoup de temps chez ses parents, je n'ai jamais été à l'aise.

Après ma licence, il m'a suppliée pour qu'on prenne un appart ensemble. Au fond de moi, je ne voulais pas, je voulais rester chez mes parents, mais je ne me sentais pas le droit de l'abandonner, et mes parents ont

accepté. Alors on a cherché un appart, c'était une période horrible. On cherchait, il était très mal, il me reprochait tout et n'importe quoi, il ne me trouvait pas à la hauteur pour l'épauler, il me culpabilisait un maximum et je m'en voulais un maximum, tout en étant extrêmement malheureuse de ne pas savoir quoi faire pour être à la hauteur. Le jour de notre emménagement, quand j'ai quitté mes parents, j'ai pleuré longuement, très longuement. Le fait de m'en souvenir et de l'écrire me replonge dans un état très douloureux, j'en ai les larmes aux yeux...
Nous avons vécu un an et demi dans cet appart. Globalement, ça se passait mieux qu'avant, il y avait plus de bons moments. Mais les engueulades récurrentes étaient toujours là, de plus en plus fortes et violentes.
En DESS, j'ai décidé de faire mon stage de six mois en Australie. Il ne l'a pas trop mal accepté. Je crois que c'était une fuite. Très vite, je suis partie en vrille : trop d'alcool ; je me suis accrochée de façon obsessionnelle à un mec ; Louis avait une maîtresse en France et m'en parlait au téléphone ; moi, je culpabilisais d'être fascinée par Raphaël... C'était du délire. Il est venu me voir là-bas, on s'est engueulés. À peine étions-nous réconciliés qu'il a appelé sa maîtresse devant moi. Il est rentré en France, je l'ai appelé et je l'ai quitté par téléphone. Il a mis du temps à l'accepter, il a essayé de m'attendrir, de me culpabiliser, il m'a insultée... Mais j'ai tenu bon.
Je l'ai revu en rentrant d'Australie. La soirée s'est bien passée, mais, tout à coup, j'ai paniqué, il m'a dégoûtée, et je me suis enfuie de chez lui. Je l'ai revu une fois, quelques mois après, et puis plus jamais.

Les disputes

La spécialité de notre relation ! Plusieurs fois par semaine, très longues, avec des insultes de part et d'autre ; il a toujours eu le dernier mot. Avec le temps, elles ont évolué. J'étais partagée entre la culpabilité, l'injustice et l'impuissance. Je me suis mise à péter les plombs, à jeter des objets par terre, puis, un jour, sur lui... Il a répliqué et m'a filé un coup de poing. Ensuite il s'est senti tellement coupable que la dispute s'est finie. Mais c'était trop tard : j'avais compris le mécanisme pour que ça s'arrête. Alors dès qu'une dispute devenait insupportable, sans issue, je le provoquais en jetant quelque chose ou en lui mettant une claque. Et ça ne ratait pas. Il me plaquait au sol, me filait des coups, m'insultait, me hur-

lait dessus. C'était spectaculaire… Mais ça stoppait tout, et c'était moins douloureux que la dispute finalement. Même s'il me disait que je faisais de lui un monstre.

Les relations sexuelles

Louis a été le premier. J'ai un mauvais souvenir de notre première relation. Je n'étais pas prête, mais je n'ai pas osé le lui dire. C'est classique, j'imagine. Je n'ai jamais aimé coucher avec lui ; là aussi, c'était compliqué. Il me reprochait souvent d'être passive et pas assez entreprenante. Il me disait quoi faire et je me sentais ridicule. J'avais la pression même à ce niveau. Je me souviens que, la dernière année, je pleurais parfois pendant, mais il ne s'en rendait pas compte.

Anecdotes

– La bronchite : j'étais malade chez mes parents avec 39 °C de fièvre ; il est venu et a trouvé le moyen de m'engueuler parce que j'étais trop faible, que je ne devais pas me laisser faire par la fièvre, que c'était juste une question de caractère… J'étais dans un état lamentable, mais il m'a laissée en plan. Je me demande ce que foutaient mes parents, p…

– Un jour, il m'a fait une scène parce qu'il trouvait que j'étais trop aguicheuse dans ma façon de dire bonjour à un caissier… Ça ne l'empêchait pas de me reprocher en permanence d'être trop timide.

– Un jour, il allait très mal et m'a suppliée, puis menacée au téléphone pour que je vienne. J'ai pris le train en catastrophe et je l'ai rejoint. Le soir, on s'est engueulés. Je ne suis pas allée en cours le lendemain. Là encore, je n'ai pas le souvenir d'une quelconque réaction de mes parents.

Nina a été très traumatisée par cette histoire qui a déclenché chez elle un problème d'alcoolisme contre lequel elle continue à se battre. Aujourd'hui, elle a trouvé un amoureux, elle arrive à se faire respecter et se reconstruit petit à petit.

Vous pouvez choisir l'une de ses deux formes de récit, soit une histoire continue comme Amandine, soit des sous-parties comme Nina.

Maintenant, c'est à vous !

Récit de mon histoire d'amour

....

....

....

....

....

....

....

Résumé semaine 4

- Continuer mon tableau avec les pensées alternatives.
- Continuer l'exercice de pleine conscience assise.
- Écrire le récit de mon histoire d'amour.

Semaine 5

Je me désintoxique

Exercice 1. Le sevrage

Si ce n'est pas déjà fait, cette semaine, nous allons commencer le sevrage. Si vous avez encore des contacts avec votre ex, il est temps de faire une pause ! Rappelez-vous le phénomène d'addiction que j'ai décrit plus haut : si vous prenez une dose régulièrement, vous mettrez plus de temps pour vous en sortir (voir chapitre 4, p. 33)…

À partir d'aujourd'hui, vous allez donc vous fixer comme défi de ne plus avoir aucun contact avec lui pendant deux semaines. Ni mail, ni SMS, ni téléphone, ni rendez-vous. S'il a tendance à vous relancer, envoyez-lui un mail en lui expliquant que vous avez besoin de vous éloigner quelque temps.

Pour vous aider, vous allez prendre votre deuxième cahier et, chaque fois que vous aurez envie de lui parler, vous écrirez dans ce journal de bord. Comme Laura l'a fait avec Fred (voir chapitre 5, p. 19).

Enlevez de votre vue les objets qui vous rappellent son souvenir. Rangez-les dans un carton et mettez-le dans un coin bien caché. Vous verrez plus tard ce que vous aurez envie d'en faire.

Si vous en avez la possibilité, modifiez l'agencement de votre appartement et changez la décoration.

Supprimez aussi votre ex de vos amis Facebook et de tous les autres réseaux sociaux qui vous tiennent au courant de sa vie.

Il est vraiment important que vous passiez par cette phase de désintoxication. Plus vous retarderez cette phase, plus votre guérison sera longue. Marion, 30 ans, peut en témoigner, comme vous allez le voir maintenant.

Lorsqu'elle vient me voir, elle est séparée de Jérémy depuis deux mois. Ils sont restés ensemble douze ans. C'est elle qui a fini par partir, mais avec beaucoup de difficulté. Elle a encore des contacts réguliers avec lui, qui la plongent chaque fois dans un état de tristesse intense.

Si elle est avec quelqu'un d'autre aujourd'hui, tout comme Jérémy d'ailleurs, Marion n'a toujours pas fait le deuil de son ancienne histoire.

Voici quelques extraits de son journal de bord.

> *Jérémy, tu me rabaisses, et puis tu me complimentes ; tu me mets sur un piédestal, et puis tu dis à qui veut l'entendre que je suis dure à vivre… Plus je relis tes mails, plus je comprends comment on peut anéantir quelqu'un. Le blesser, le réduire à rien. Tu crées un lien de dépendance pour que je ne parte pas complètement. Tu me culpabilises, me fais du chantage affectif. Alors que j'ai eu tant de mal à me sortir de cette relation qui me faisait souffrir… Alors, elle, elle arrive à te rendre heureux… Parce qu'elle est mon opposé, qu'elle te ressemble, que c'est une scientifique, qu'elle est entreprenante ? Il y a deux mois, tu voulais une artiste qui, comme moi, te complète. Sais-tu vraiment ce que tu veux ? Avant, quand je m'endormais devant la télé, j'étais touchante ; à la fin, j'étais ennuyeuse et « tu ne pouvais rien partager ». J'ai essayé de construire un chez-nous et tu m'as dit : « Oui, t'as qu'à le faire ; peindre, moi je m'en fous… » En fait, tu ne m'admirais que lorsque je faisais mes voyages et mes aventures, mais c'était pour mieux en parler autour de toi, pour vivre à travers mes aventures ce que tu ne vivais pas. Alors je partais dès que je le pouvais.*

Remarque, ça m'a aidée à ne pas m'engager et à être au top dans mon métier...

Je souffre que tu aies utilisé et usé ma joie. Que tu m'aies ensevelie, que tu aies tout fait pour que je ne puisse plus m'aimer. Mais je ne te laisserai pas détruire mes envies, mon couple, ma vie... Tout ce qui, pour toi, n'est qu'un rêve absurde, mais qui est ma réalité.

Une semaine plus tard :

J'ai envie de t'appeler, mais, au fond de moi, je sais que ce n'est pas la solution. Alors je préfère écrire.

Pourquoi l'écriture ? Parce que je pense que c'est un support qui me va bien. Parce que je pense que les mots peuvent me manquer à l'oral, mais qu'à l'écrit le petit temps supplémentaire dont je dispose me permet de trouver le mot que la parole m'aurait enlevé.

Et puis aussi parce que, quand j'écris, tu ne peux pas me répondre : « Non tu as tort » ou : « Tu te plantes. »

Je suis avec quelqu'un d'autre parce que c'est lui. Parce que j'ai besoin d'affection, c'est vrai et peut-être est-ce pour cette raison que c'est allé aussi vite, mais aussi parce que s'il n'y avait pas eu Antoine, je serais revenue une énième fois vers toi. Ça, tu le sais, et, pour une fois, je ne suis pas revenue. J'ai sans doute besoin de donner et d'aimer, et j'en avais marre de donner sans recevoir. Tout ce que tu savais faire, c'est me consoler quand je pleurais. Contrairement à toi, Antoine est aussi près de moi pour me dire simplement : « Tu vas y arriver. »

Ta fierté est si forte que tu rabaisses ceux qui t'entourent sans même t'en rendre compte. Tu m'as dit que j'étais belle, courageuse et battante, que je te rendais heureux ; aujourd'hui, tu oses me dire tout le contraire. Pour pouvoir oublier, tu descends ce qui a été beau. Ne peux-tu pas juste dire que c'était bien, mais que le virage n'a pas été pris correctement, que telle et telle chose n'ont pas été faites correctement ? Quand on a aimé douze ans, on ne passe pas son temps à dire que l'autre était nul et moche. Juste parce que au lieu de me dire que tu as mal, qu'on a mal, qu'on a mal fait, tu préfères dire que l'autre, moi, a tort.

J'ai tout fait pour ne pas communiquer parce que j'en ai marre de me sentir en dessous de tout quand je t'appelle.

Deux semaines après :

Tu m'as encore appelée. C'est contradictoire avec ce que tu disais. En fait, tu ne tiens pas plus de quinze jours. Moi, je n'ai pas craqué...

Tu dis que tu aimes ta nouvelle vie, tu es heureux d'avancer, tu critiques notre passé, tu ne me respectes plus vraiment... Pourtant, tu voudrais que je vienne boire un café. Tu voudrais encore que l'on se voie, que l'on parle. Pourquoi pas te confier ou te faire consoler tant qu'on y est ? Peut-être est-ce simplement pour savoir si tu ne ressens plus rien et pour te prouver (et me dire ?) que je ne suis que la pauvre fille que tu voudrais tant que je sois. Au moins tu n'aurais pas de regret...

Te soulager, mais en me faisant souffrir... C'est ainsi que tu fonctionnes, et je suis sûre que tu ne le sais même pas...

Ce qui est terrible, c'est que malgré toute ma volonté, malgré l'écoute bienveillante des personnes qui m'entourent, malgré toute la force que je mets chaque jour à me battre pour être simplement paisible, malgré tout l'amour et le profond respect que j'ai pour Antoine, en dépit du bonheur doux qu'est ma vie aujourd'hui, oui, j'ai répondu à ton message. Et je te réponds encore. Cette sensation d'être droguée, envoûtée est vraiment pénible. Je finis par croire que je suis maso. Tu me possèdes encore par un je-ne-sais-quoi. Et j'aimerais n'être qu'à moi-même. Pour me consacrer à d'autres.

Mais notre histoire à toi et moi, je ne la regrette pas, je devais en avoir besoin finalement. Ces douze ans font partie de ma vie. Aujourd'hui, je les ai pesés, comptés, et je veux simplement me consacrer à tout ce qui est devant moi. À tout ce qui s'offre à moi.

Alors quoi ? Non, je n'irai pas boire un café ; oui, je vais récupérer mon chat.

Maintenant, c'est à vous !

✍ **Mon journal de bord**

....

....

....

....

....

....

....

Ce journal, vous pourrez le donner ou non à votre ex quand vous serez guéri. Pour l'instant, il est juste destiné à vous soulager et à éviter au maximum que vous recraquiez en reprenant contact avec votre ex pendant votre sevrage.

Exercice 2. La suite imaginaire

Vous allez maintenant reprendre le récit que vous avez écrit la semaine précédente (voir p. 146) et en imaginer une suite. Comment aurait continué l'histoire si vous n'aviez pas rompu ? Essayez d'être le plus honnête possible en n'idéalisant pas cette suite.

Voici quelques pistes pour vous aider dans ce travail (Fisher, 2005) :

– Votre partenaire était-il votre ami/e, votre amant/maîtresse, votre amoureux/se ? Les trois à la fois ? Y avait-il de la complicité entre vous ? Pouviez-vous vous confier à lui ? Est-ce qu'il se confiait à vous ?
– Qu'aviez-vous en commun – loisirs, opinions politiques, valeurs fondamentales ?
– Aviez-vous la même façon de voir l'éducation des enfants ?
– Vos objectifs de vie (travail, construction familiale, voyages) étaient-ils compatibles ?
– Aviez-vous des activités communes (expos, restos, voyages, etc.) ?
– Comment se passaient les conflits ? Est-ce que chacun avait la possibilité d'exposer son point de vue, est-ce que chacun écoutait le point de vue de l'autre ? Arriviez-vous à débloquer la situation ou finissiez-vous par « mettre un mouchoir » sur vos différends ? Vous sentiez-vous écouté et compris ? Compreniez-vous votre partenaire lorsqu'il se mettait en colère ?
– Votre couple respectait-il un équilibre qui vous convenait (tâches ménagères, revenus, prises de décision importantes) ?
– Votre couple « respirait »-il ? Chacun avait-il la possibilité de prendre du temps pour lui, sans l'autre ?
– Est-ce que vous vous faisiez confiance ?

Maintenant, c'est à vous !

✍ **Et si on avait continué ?**

....

....

....

....

....

....

....

Si vous avez écrit une suite digne d'un conte de fées, c'est que vous êtes encore dans la phase d'idéalisation. Après une rupture, on a tendance à réécrire l'histoire, à mettre l'autre sur un piédestal. Peut-être avez-vous besoin de plus de temps pour cette étape.

Vous pouvez essayer de lister les défauts de votre ex, de vous rappeler tous les moments où il vous a fait de la peine, où vous vous disiez : « Non mais, là, ce n'est pas possible, il me sort par les yeux… » Cette phase est très importante. Si vous continuez à l'idéaliser, vous continuerez à dire : « Oui mais… », « Oui mais lui, il était parfait pour moi… » Non. Si c'est terminé, c'est qu'il n'était pas parfait pour vous.

Exercice 3. Le plan antimollusque

Vous allez maintenant dresser une liste des activités que vous aimez faire : aller au cinéma, prendre un café au soleil, prendre un bain avec des bougies, aller courir, appeler un ami… Essayez de trouver au moins une dizaine d'activités.

Puis vous listerez une dizaine d'activités qui vous donnent une sensation de maîtrise et d'accomplissement. En général, ce sont des tâches que l'on n'a pas envie de faire, mais qui procurent une profonde satisfaction une fois qu'elles sont faites : faire le ménage, aller faire les courses, classer des papiers, traiter ses mails, aller à un cours de gym…

✍ **Ma liste plaisirs/accomplissements**

	Plaisirs	Accomplissements
1	....	....
2	....	....
3	....	....
4	....	....
5	....	....
6	....	....
7	....	....
8	....	....
9	....	....
10	....	....

Chaque jour de cette semaine, vous choisirez une activité dans la liste « PLAISIRS » et une activité dans la liste « ACCOMPLISSEMENTS ». Il est important dans une journée de toujours avoir ces deux types d'activités. Cela permet de garder un certain dynamisme et de ne pas déprimer. Évidemment, je ne suis pas en train de dire qu'il s'agit d'un remède miracle antidépression, mais c'est tout de même un petit truc utile pour maintenir la tête hors de l'eau.

Résumé semaine 5

- Me sevrer de mon ex.
- Écrire la suite de mon histoire.
- Choisir chaque jour une activité « plaisir » et une activité « accomplissement ».
- Continuer mon tableau d'observation des situations difficiles.
- Continuer l'exercice de pleine conscience assise.

Semaine 6

J'ouvre les yeux !

Exercice 1. Pleine conscience assise (suite et fin)

Vous allez reprendre l'exercice de pleine conscience assise (voir p. 141). Si vous le désirez, vous pouvez supprimer la pleine conscience des sons et ne faire que la partie sur la pleine conscience de la respiration et des sensations corporelles. Faites ensuite la partie sur la pleine conscience des pensées et ajoutez la partie ci-dessous.

Maintenant, choisissez la pensée la plus douloureuse, la plus chargée en émotions et concentrez-vous sur elle. Accueillez les émotions même si c'est désagréable. Essayez de localiser où ces émotions s'expriment dans votre corps. Prenez tout votre temps pour le faire.

Une fois que vous avez localisé la ou les parties de votre corps qui sont concernées, respirez à l'intérieur de la sensation douloureuse et, à chaque expiration, répétez-vous : « Quoi que ce soit, ça va, j'accepte de le ressentir, je m'autorise à le ressentir, c'est comme cela pour l'instant. » Faites-le autant de fois que vous désirez.

Revenez ensuite à la perception de votre corps comme un tout. Entourez-le d'une bulle de respiration en y mettant le plus de bienveillance possible.

Cet exercice va vous aider à mieux accepter les émotions désagréables, à y faire face. Il ne s'agit pas de céder à la douleur et encore moins de vous y complaire, mais d'accepter d'« être avec » la douleur.

C'est un exercice essentiel.

Exercice 2. La liste des ex

Prenez maintenant votre cahier d'exercices (pas votre journal de bord dédié à votre ex) et dressez la liste de tous vos ex, les histoires importantes comme les moins importantes. Écrivez pour chaque ex comment vous vous êtes rencontrés, quels étaient ses principaux traits de personnalité, comment s'est déroulée l'histoire et comment elle s'est finie.

Une fois que vous aurez terminé, essayez de trouver tous les points communs entre ces histoires, que ce soit le contexte, le développement de l'histoire ou le caractère de l'autre.

À l'aide des chapitres précédents (voir notamment p. 41), vous allez maintenant définir le type d'échec amoureux dont il s'agit.

Pour vous aider dans cette tâche, voici l'exercice des ex de Marion, que vous avez rencontrée précédemment. Marion est bisexuelle ; c'est pourquoi dans ses ex, il y a des filles comme des garçons.

Tim

On s'est rencontrés en colonie de vacances. J'avais 13 ans, lui 19. Il était mono. On se détestait. Arrogant, vantard, rabaissant. Je détestais son contact méprisant avec les ados. Après le séjour, un mois plus tard, il

m'a écrit. Il disait qu'il voulait des infos sur une amie. L'échange de lettres a commencé ainsi et ça a continué jusqu'en janvier où l'on s'est revus et où l'on s'est aimés.
Pour la première fois, j'aimais être avec quelqu'un, j'aimais quelqu'un. Je palpitais de joie en me levant, en le voyant, en me couchant. Un sentiment que je ne pouvais pas confondre avec l'amitié. Le jour de la Saint-Valentin, je lui ai tout donné avec plaisir et sans regret. Il ne m'a jamais forcée, il était attentif, sensible et doux. Je pense malgré tout qu'il « souffrait » de notre différence d'âge. Alors il se cachait, non pas de sa famille, mais de ses amis. Il me demandait indirectement de mûrir, de vieillir. J'ai appris des tonnes de choses. Je lisais, je m'informais ; j'assimilais tout ce que je pouvais, ciné, musique, infos, culture. Je changeais de style vestimentaire. Et, bien sûr, j'ai grandi vite, peut-être trop vite, mais j'aimais cette soif d'apprendre. Lorsqu'on a rompu en avril (la première fois), ça a été le drame : j'étais perdue, anéantie. Il est reparti avec son ex. Trahie, trompée, je ne voulais plus croire en l'amour.
Depuis toute petite, j'avais souvent des maux de ventre terribles dus au stress, je rongeais mes ongles, mais mes angoisses, mes étouffements, mes tremblements ont commencé à ce moment-là. J'ai perdu 10 kilos, et toute ma joie de vivre. Et puis il est revenu me chercher à la colo du mois de juillet. Attirance oblige, j'ai craqué. Je recommençais à vivre plus ou moins. Sans pardonner.
À chaque fois, on rompait sans le faire réellement. Une engueulade par téléphone, et voilà on raccrochait. Plus de nouvelles. C'était donc officieusement fini. Et puis il ressurgissait un soir au hasard…
Je me suis dit que j'aimerais moins le prochain, que le prochain devrait m'aimer plus. Qu'en cas de chute, cela ferait moins mal. Entre mes 13 et mes 21 ans, Tim est revenu quatre fois et est reparti quatre fois. L'attirance physique était trop forte, la fusion intellectuelle aussi.
Pendant toutes les relations qui ont suivi, j'ai emporté avec moi son sourire et ses souffrances qui, au fond, m'ont encore fait plus souffrir que lui sans doute.

Marie
C'est après ma deuxième rupture avec Tim que je suis sortie avec Marie. On était au collège et au lycée ensemble. On s'est entendues tout de suite. Elle disait qu'elle était l'équivalent féminin de Tim. Elle draguait pour

me provoquer. Elle m'énervait et me faisait craquer. C'est vrai qu'ils se ressemblaient beaucoup et que la fusion émotionnelle et intellectuelle que je ressentais était semblable.

Avec le recul, je pense qu'elle me donnait ce que ma mère ne me donnait pas. Bref, c'étaient les années où l'on se découvrait sexuellement. On était un peu précoces toutes les deux. On se croyait amies, mais nos pulsions et notre goût pour le challenge nous ont rapprochées. On s'aimait dans la mer, on s'aimait à la plage, on s'aimait quand il fallait dépasser ce que les petits copains de notre âge, ennuyeux, nous proposaient. Je pense que personne ne le savait, mais certains ont dû se demander ce qu'on vivait. À l'époque, je pense que je ne me rendais pas compte de la vraie teneur de ma relation avec Marie. Je l'ai perdue de vue après le bac. Elle a voulu me revoir vers nos 21-22 ans, tel un Tim qui revient subitement. Elle m'a dit qu'elle voulait qu'on s'aime, qu'elle venait de quitter son copain, que Jérémy n'était pas fait pour moi. Je lui ai dit que, pour moi, il en allait autrement. On ne s'est jamais revues.

Cyril

La première fois que l'ai vu, il m'a séduite. Trop timide et certaine que je ne voulais pas souffrir à nouveau, je n'ai rien fait pour lui parler. Le destin en a voulu autrement. Jérémy nous a présentés un mois après.

Cyril voulait faire le même métier que moi, on était donc dans la même école, et l'on dessinait ensemble comme deux passionnés. Cyril avait été trompé par son ex avec l'un de ses bons amis, il passait son temps à répéter que l'amitié était plus importante et que jamais il ne ferait ça à « un ami ». Sans parler de nous directement, bien sûr…

On a vécu entre 16 et 29 ans une pseudo-amitié fusionnelle, que tout le monde, sauf Jérémy, voyait comme une forme d'amour impossible. On a toujours laissé entendre, mais on ne s'est jamais rien dit. On a habité deux ans ensemble en colocation, je n'avais jamais été aussi épanouie. Évidemment, ça nous a encore rapprochés, jusqu'à ce qu'il soit avec Alexia. Ensuite, on s'est retrouvés pendant les vendanges. On a fait l'amour toute une nuit à la belle étoile, c'était romantique, beau et magique. À part, hors du temps. Comme avec Tim. Pour moi, c'est ce qui pouvait me donner le courage d'un nouveau début. Pour lui, c'était un point final ; il venait d'acheter une grande ferme et d'emménager avec Alexia ; il allait commencer sa vie avec elle.

Dimitri

À 23 ans, je suis partie travailler avec Cyril dans un atelier en Picardie. J'ai laissé Jérémy qui faisait sa thèse à Londres. Encore une esquive.

Dimitri est l'ami de mon beau-frère. Il sortait d'une rupture après une histoire de dix ans. Il se remettait en question et avait envie de profiter de la vie. Il ne m'attirait pas particulièrement physiquement, même s'il avait une carrure imposante, douce, réconfortante. C'était un mixte de Jérémy (réconfortant) et de rêveur passionné. Un homme sensible, mais posé, tel l'informaticien qu'il est, et pourtant plein de rêves, de projets professionnels passionnants et d'envies de voyages aux quatre coins du monde. Je n'ai jamais osé le suivre à cause de Jérémy, mais je vivais ses voyages à travers ce qu'il me racontait quand il rentrait. Je ne voulais pas d'une relation (encore) à distance.

Notre relation ambiguë a duré trois ans. Dimitri n'a jamais rien tenté, car il savait que Jérémy existait. C'est comme si nous sortions ensemble de façon platonique. Un jour, les amis m'ont fait comprendre qu'il ne fallait pas le laisser attendre si je n'avais rien à lui offrir. Il m'a dit qu'il m'aimait, je lui ai dit que je ne pouvais rien lui offrir pour l'instant. J'ai toujours eu peur de perdre l'amour des gens, mais j'avais du mal à comprendre et vivre mes sentiments. J'étais perdue.

On s'est revus en décembre dernier pour le mariage de ma sœur, après trois ans de silence. Ma sœur m'a dit qu'il avait fait sa vie et qu'il avait un petit garçon, mais qu'il me respectait et qu'il serait sans doute prêt à me parler. Moi, j'avais peur. C'était lâche. Égoïste. Je lui en voulais d'être un papa heureux pendant que moi j'enchaînais les échecs.

Jérémy

Lui, il m'a attirée et conquise différemment de tous ceux avec qui j'ai pu le tromper, sentimentalement ou physiquement.

Jérémy n'était pas rêveur, ni avant-gardiste ; il n'était ni joueur ni excentrique. Il est surtout arrivé dans ma vie au bon moment. Je lui ai redonné confiance en lui, en sa séduction, alors qu'il accumulait les déceptions – ça me donnait un peu confiance en moi aussi. Socialement, il était très présentable. Extrêmement brillant, intelligent, cultivé, scientifique et littéraire. Enviable, mais avec un certain manque d'assurance (bien

caché). Il était beau, tendre en gestes et aimant. Le « gendre idéal ». Je me sentais belle à côté de lui.
C'est après deux mois de relation la première fois (à 16 ans) que je me suis rendu compte que nous n'étions pas faits pour être ensemble. J'ai rompu, il a explosé. Ça l'a fait sortir de son gentil cocon, et ça m'a plu. Je suis revenue, je me suis mise à genoux. C'est la première fois qu'il m'a « récupérée ». J'aimais nos discussions riches et nos balades. Les autres ne lui arrivaient jamais à la cheville. Notre bonheur était simple. Je me suis dit que c'était cela le vrai amour. Je n'avais confiance qu'en lui, j'existais à travers lui. Il m'a aidée à réussir mes études. Cette relation affective était sûre et douce. Je pensais qu'il n'y avait pas de souffrance et je me rends compte aujourd'hui qu'elle était basée sur des souffrances qu'on ne voulait pas affronter. Lui avait trouvé quelqu'un qu'il pouvait aimer, moi quelqu'un qui m'aimait. En tout cas, il ne voyait pas, ou ne voulait pas voir, mon attirance pour les autres hommes et les autres femmes. Tous mes proches l'avaient remarquée sans peine, pas lui.
Plus le temps passait, plus je souffrais de la place qu'il prenait. Les autres l'admiraient et, en public, parfois, je me sentais rabaissée. Je me trouvais faible, j'angoissais de plus en plus, alors que lui, de plus en plus mature et solide, réussissait tout. Il s'occupait du ménage, des courses, des mails, des factures… J'avais l'impression que, sans lui, je n'arriverais à rien. Plus il me donnait, plus je l'admirais. Je me disais que je ne pouvais plus me passer de lui.
Dans l'intimité, j'étais sa reine. Pour lui, j'étais la plus belle et la plus intelligente. Pourtant, plus le temps passait et plus je me sentais triste et bête à ses côtés. Il prenait toute la place. Quand je craquais et pleurais, il me prenait dans ses bras et me disait que je n'avais qu'à me prendre en main. En fait, pour l'aide dont j'avais réellement besoin, d'un point de vue vital, il me laissait me débrouiller seule…
Pendant treize ans, Jérémy a pu me savoir loin et se contenter de sentiments. Le sexe n'était pas une priorité, ce n'était pas important alors que, pour moi, c'est un équilibre. Il me disait sans cesse que j'étais insatiable, chiante à réclamer tout le temps, limite obsédée… Je pensais que le problème venait de moi, que je m'y prenais mal et que je n'arrivais pas à lui donner envie. Ou que je n'étais pas aussi belle et désirable qu'il le prétendait. Une souffrance de plus.
J'ai décidé de partir. Une semaine après, je suis partie. Je suis encore, malgré moi, accrochée à lui, aux phrases qu'il me disait. Je crois encore

que j'ai besoin de lui. D'une certaine manière, il m'a possédée et convaincue que, sans lui, ma vie était impossible. Mais je sais que ça va passer. Aujourd'hui, je me sens souvent comme une droguée en désintox.

Marion a ensuite fait le lien entre les différentes histoires et voici ce qu'elle a noté :

– Tim, Marie et Jérémy étaient prétentieux ;
– Tous mes ex à part Dimitri et Jérémy étaient séducteurs ;
– Tous mes ex étaient extrêmement sociables ;
– Beaucoup de mes ex avaient soit des problèmes familiaux importants, soit des problèmes de drogue ;
– Avec la majorité de mes ex, l'attirance a été immédiate ;
– J'ai reproduit trois fois une relation à distance.

Marion a ensuite pu découvrir qu'elle avait tendance à reproduire des amours narcissiques, triangulaires, interdits et virtuels.

Lorsque vous faites l'exercice, vous pouvez le faire soit sous forme de note, soit sous forme de récit. L'important est que cela vous permette de bien identifier les éléments de vos histoires qui ont tendance à se répéter.

✍ **La liste de mes ex**

....

....

....

....

....

....

Résumé semaine 6

- Faire l'exercice de pleine conscience des émotions douloureuses.
- Faire l'exercice de mes ex.
- Continuer mon tableau avec les pensées alternatives (si besoin).

Semaine 7

Je me repose…

Faites une pause ! Cette semaine va être consacrée à vous reposer. Si vous êtes en retard dans les exercices, profitez-en pour rattraper votre retard. Sinon, ne faites rien ou seulement des choses que vous avez envie de faire. Si vous avez besoin de deux semaines de pause, prenez-les.

Lorsqu'on entame un travail de réflexion sur soi, il est parfois bon de laisser reposer toute cette réflexion. Donc bonnes vacances et reprenez votre livre dans une ou deux semaines !

Semaine 8

Je fais l'inventaire de mes casseroles

Bonjour à vous ! J'espère que cette petite pause vous a fait du bien.

Cette semaine, nous allons explorer un peu plus profondément votre histoire afin d'identifier si vos difficultés amoureuses sont le résultat de votre passé ou non. On commence donc l'opération « débarrassage des casseroles » !

Vous allez dresser une liste de tous les événements douloureux ou traumatiques que vous avez vécus depuis votre naissance. Insistez surtout sur les événements ayant eu lieu entre 0 et 15 ans.

Cette liste vous permettra de réfléchir sur la constitution de vos schémas éventuels. Les événements peuvent être des anecdotes qui vous semblent désormais insignifiantes, mais que vous avez très mal vécues à l'époque ou bien, à l'inverse, des moments que vous n'avez pas perçus comme difficiles à l'époque, mais qui vous paraissent aujourd'hui plus compliqués.

Cette partie du programme n'est pas destinée à tout le monde. Si le problème est situationnel et n'est pas lié à un scénario de vie, la thérapie des schémas est inutile.

Afin que vous puissiez mieux voir ce qu'on appelle « événements douloureux », je vais vous raconter l'histoire d'Ethan.

Ethan est homosexuel et a vécu plusieurs déceptions amoureuses. La dernière l'ayant particulièrement marqué, il a décidé de commencer une thérapie. Voici quelques-uns des événements douloureux qu'il rapporte.

5 ans : La maîtresse ne me laissait pas jouer à la poupée et me confisquait systématiquement ma poupée.
7 ans : La maîtresse m'arrache mes colliers africains en disant que ce sont des accessoires de fille.
8 ans : Mon père ne me prend jamais dans ses bras, il s'enferme dans son garage et regarde la télé.
8 ans : Un invité demande à mon père en quelle classe je suis et mon père ne sait pas répondre.
9 ans : Les autres me traitent de tapette de l'école.
10 ans : Je ne suis jamais choisi pour faire partie d'une équipe de sport.
12 ans : Mon père se trimballe nu dans la maison et se gratte les testicules sous son peignoir ; ça me dégoûte.
12 ans : Lors d'une dispute, ma grande sœur essaie de tenir tête à mon père qui lui donne un coup de pied dans le ventre. Elle se fait pipi dessus.
13 ans : Mon père me regarde avec un air méprisant en me disant : « Avec ta coiffure et ce que t'as dans la tête, tu n'iras pas loin. »
13 ans : Mon père s'énerve et me balance du pâté dans la figure sous le regard de ma mère. Personne ne me défend.
24 ans : Décès de ma sœur préférée dans un accident de voiture.

Essayez comme Ethan d'écrire vos événements de façon chronologique. N'en censurez aucun même si certains vous paraissent vraiment moins graves. N'oubliez aucun domaine de votre vie : famille, scolarité, vie professionnelle, santé, vie sociale, etc.

✍ **Liste de mes événements douloureux**

....

....

....

....

....

....

....

Résumé semaine 8

• Lister tous les événements douloureux de ma vie.

• En option : l'exercice de pleine conscience et les tableaux avec les pensées alternatives (voir p. 145 et 167).

Semaine 9

Je fais le tri

Exercice 1.
L'identification des schémas

Lorsqu'on effectue une thérapie des schémas, il est usuel de reprendre tous les événements douloureux et de les travailler un par un avec différentes méthodes. Cependant, je ne vous conseille pas de faire ce travail seul, surtout s'il s'agit d'événements traumatiques (accidents, opérations, maltraitance). Si, lors de votre recensement, vous avez senti que vous touchiez du doigt certaines blessures trop douloureuses, je vous recommande plutôt d'entamer une prise en charge avec un psychologue ou un psychiatre.

En attendant d'effectuer un travail éventuel plus en profondeur, je vous invite à relire vos événements douloureux et à essayer d'identifier les schémas qui auraient pu se former suite à ces événements.

Vous pouvez relire les chapitres précédents pour vous remémorer la définition de chaque schéma (voir p. 87).

Relisez également les situations difficiles actuelles que vous avez notées dans votre cahier et essayez d'identifier quels schémas se sont activés lors de ces situations.

Identifiez également quels schémas ont été renforcés lors de vos précédentes relations amoureuses, en vous appuyant sur l'exercice des ex (voir p. 168).

Si vous n'identifiez aucun schéma, passez directement à la semaine 11.

✍ **J'identifie mes schémas**

....

....

....

....

....

....

....

Exercice 2. La lettre

Une fois ce travail d'identification fait, je vous invite à rédiger une lettre à vos parents (mère, père ou les deux) dans laquelle vous allez leur écrire tout ce que vous n'avez jamais pu leur dire, tout ce que vous avez sur le cœur. Cette lettre va vous permettre d'une part d'évacuer tout ce qui est resté « coincé » depuis des années et de prendre conscience des besoins qui n'ont pas été comblés.

Il n'est pas nécessaire de donner cette lettre, il s'agit juste de mettre par écrit vos blessures d'enfant et de préciser les conséquences qu'elles ont eues sur vous.

Ne culpabilisez pas, vous n'êtes pas en train de faire le procès de vos parents ou de devenir ingrat. Vous avez parfaitement le droit d'exprimer certaines souffrances, même si vous savez que vos parents ont fait de leur mieux.

Voici la lettre qu'Ethan a écrite à son père décédé depuis un an.

Papa,
Je t'écris cette lettre car j'ai besoin d'exprimer certaines choses qui me pèsent et perturbent mon épanouissement affectif.
Tu as dû te rendre compte que j'ai eu beaucoup de difficultés lors de mon adolescence, puis, plus tard, quand j'ai dû me lancer dans la vie professionnelle. Je n'avais absolument pas confiance en moi. Ce qui m'a aidé avec le temps, c'est ce que les gens me renvoyaient de moi-même, car moi, seul avec mon cerveau, sans ce feed-back social et humain, je n'y arrivais pas. J'avais une mauvaise image de moi-même.
Tes humiliations verbales, la fourchette ou le pâté dans la gueule en plein dîner, l'absence d'affection ou de sentiment de fierté à mon égard durant mon enfance et mon adolescence ont construit et alimenté ce schéma de carence affective et d'imperfection dans lequel je suis installé.
Je m'interroge : pourquoi ce rejet ? Je pense que je ne correspondais en rien au garçon type que tu avais imaginé avoir ; je jouais effectivement à la poupée. Tu as également eu des rapports froids et conflictuels avec ton propre père et cela a certainement joué sur nos rapports, comme un schéma qui se reproduit…
Il est vrai que quand je vous ai présenté mon premier copain, à toi et à maman, autour de mes 26 ans, j'ai été agréablement surpris et rassuré par ton attitude accueillante et sans blocage à son égard. Ça a été un moment important pour moi, même si, au final, j'étais avec le mauvais garçon.
Mais voilà, il s'avère que je tombe amoureux du mauvais garçon bien souvent. De celui qui est froid, distant, et moyennement sympa avec moi

au final. Et je trouve ça normal, car j'ai connu ça avec toi. Enfant, je n'ai jamais exprimé quoi que ce soit ; ado, j'ai exprimé du rejet et de la provocation à ton égard, mais jamais une réaction saine comme la colère. La colère, c'est contre moi que je l'ai retournée au fil des années. J'espère que tu comprends et que tu arrives à te mettre à ma place, tout comme j'essaie de le faire en ce qui te concerne.
Je t'embrasse.

À vous maintenant d'écrire votre lettre. Encore une fois ne culpabilisez pas ! Si vous vous dites : « Mais moi je n'ai rien à reprocher à mes parents », c'est suspect ! On a toujours au moins deux ou trois petites choses en travers ! Si vous ne trouvez pas, c'est que peut-être vous n'êtes pas prêt à faire face à ces blessures ou à gérer la culpabilité qu'engendrent des reproches faits à vos parents.

✍ **Lettre à mes parents (père, mère, les deux)**

....

....

....

....

....

....

Résumé semaine 9

- Identifier mes schémas dans les événements douloureux.
- Écrire une lettre à mes parents.

Semaine 10

Je fais mon Bisounours

Exercice 1 :
Je console mon « mini-moi »

Cette semaine, vous allez chouchouter votre enfant intérieur ! Écrivez-lui une lettre en commençant par reconnaître ce qu'il a vécu et en étant au maximum empathique et bienveillant. Ensuite, rassurez-le (par exemple en imaginant que vous le prenez dans vos bras), dites-lui que vous l'aimez, que vous avez confiance en lui, que vous êtes là pour le protéger.

En effet, il est très important pour apaiser ses schémas de reconnaître ses souffrances d'enfant ou d'adolescent. Lorsque vous avez une réaction disproportionnée ou des émotions exacerbées, c'est souvent l'enfant en vous qui est en train de s'exprimer. Il est donc important de reconnaître son existence et de le calmer.

Voici la lettre que Laura 30 ans a écrite à son petit moi. Vous aviez rencontré Laura lors de la première partie du livre.

Chère Petite Laura,

Je sais que, dans ton enfance, tu t'es sentie souvent rejetée. Lorsque tu étais bébé, tu avais le sentiment d'être un boulet que l'on trimballait dans tous les sens. Tu as aussi eu l'impression que ta mère préférait partir travailler plutôt que de rester avec toi. Elle est repartie travailler lorsque tu as eu 3 mois et tu t'es sentie profondément abandonnée. Tes frères et sœurs ne semblaient pas être contents que tu sois là et tu as eu longtemps l'impression qu'ils ne t'aimaient pas. Ensuite ton père a quitté ta mère pour une autre femme alors que tu étais encore toute petite et personne ne t'a rien expliqué. Tu t'es sentie trahie et délaissée. On te comparait souvent à ta demi-sœur, mais ce n'était jamais en ta faveur, tu te sentais toujours inférieure, jugée. On critiquait ton caractère et ta façon d'être qui n'était jamais assez bien. Je comprends ta souffrance, et tu as parfaitement le droit d'être en colère.

Aujourd'hui, tu as peur sans cesse d'être abandonnée et tu as l'impression à chaque rupture amoureuse que tu vas mourir. Mais regarde autour de toi, ce n'est plus comme avant. Tes parents savent maintenant t'exprimer leur amour, tes frères et sœur t'aiment beaucoup. Tu as plein d'amis et, surtout, nous sommes suffisamment fortes toi et moi pour affronter une séparation. Nous n'allons pas mourir. Nous allons souffrir beaucoup, surtout toi au fond de moi qui te rappelle tous ces abandons passés. Mais je serai là pour te protéger et t'écouter. Je serai toujours là pour te prendre en considération.

Je t'aime fort, petite Laura.

C'est maintenant votre tour.

Prenez votre temps pour écrire cette lettre. Soyez le plus bienveillant possible. Si vous avez l'impression que c'est un exercice compliqué, que vous n'avez pas envie de vous adresser à votre petit vous, que vous trouvez ça inutile, stupide ou ridicule, ou encore si votre petit vous vous agace, c'est qu'il y a probablement quelque chose à creuser de ce côté-là qui serait opportun de travailler avec un professionnel formé en thérapie des schémas.

✍ **Lettre à mon mini-moi**

....

....

....

....

....

....

....

Exercice 2.
Savoir écouter son moi enfant

Comme vous l'avez compris avec la lettre de Laura, il est indispensable que vous puissiez entendre votre petit moi qui se réveille et qui souffre dans les situations qui viennent réactiver d'anciens traumatismes. Dites-vous bien que, chaque fois que vos émotions ou vos réactions sont démesurées, c'est votre enfant intérieur qui crie. Et moins vous le prendrez en considération, plus il criera fort.

Durant cette semaine, vous devrez repérer toutes les fois où votre « moi enfant » se réveille. Si vous percevez que vous avez des réactions ou des émotions disproportionnées dans certaines situations, ou encore que le flot de vos pensées automatiques vous submerge, il est possible que votre « petit moi » se soit réveillé. Dans ce cas, n'essayez pas de le rejeter ; écoutez-le plutôt, consolez-le, puis montrez-lui comment votre « moi adulte » réagit. Par exemple, dites : « Je comprends que tu te sentes abandonné parce que tes copines ne te rappellent pas tout de suite, cela te rappelle tes parents qui ne se sont pas occupés de toi. Mais regarde, je vais te montrer que l'on est maintenant capable d'avoir un comportement adulte. Il suffit de comprendre que tes copines sont peut-être occupées pour l'instant et qu'elles te rappelleront plus tard. Cela ne veut pas dire qu'elles ne t'aiment pas (mise en place de pensées alternatives). Au lieu de les harceler, fais autre chose en attendant. Elles te rappelleront quand elles pourront (mise en place d'un comportement alternatif). »

Résumé semaine 10

• Écrire une lettre à mon « petit moi ».
• Repérer quand mon « moi enfant » s'exprime dans les situations quotidiennes.

Semaine 11

Je clôture

Exercice 1. La lettre de clôture

Cette semaine, vous allez écrire une lettre à votre ex, une lettre de clôture.

Il n'est pas nécessaire de la lui envoyer, c'est vous qui décidez.

Peut-être vous rendrez-vous compte à cette étape que vous n'êtes pas encore guéri. Si c'est le cas, c'est que vous avez besoin de plus de temps. Il est possible également que vous ayez besoin d'un petit coup de pouce supplémentaire ; dans ce cas, je vous invite à consulter un psychologue ou un psychiatre.

Voici la lettre qu'Ethan a écrite à Thomas ;

Thomas,

Notre relation s'est mal passée car tu m'as renvoyé à toutes les merdes que mon père m'a fait subir durant toute mon enfance/adolescence.

Comme lui, tu es incapable d'écouter sincèrement, profondément, d'avoir une vraie empathie.

Comme lui, tu es bloqué émotionnellement, rien ne te touche positivement.

Comme lui, tu ne sais pas donner de l'amour.

Comme lui, la joie de vivre, ce n'est pas ton truc ; tu es froid et triste ; ton énergie de vie est lourde…

À sa mort, tu m'as anéanti en me laissant tomber. Ma difficulté à me réparer en a été décuplée. Pour une fois que j'avais besoin à mon tour que tu t'occupes de moi ! J'ai été choqué et meurtri de sentir à quel point ma souffrance et ma vie ne te touchaient pas.

En te quittant, je me suis senti moins seul qu'en restant avec toi ! Au moment de la rupture, j'étais comme au bout de moi-même. Le compteur était mort, je ne pouvais plus encaisser ce type de relation un jour de plus. J'ai très fort la certitude d'être toujours attiré par des gens incapables de me rendre heureux.

Au final, cela donne une grande solitude. Un vide existentiel, une grande tristesse. Je ne sais plus comment m'y prendre pour arrêter de planter ma vie affective.

Je t'ai choisi parce que tu présentais les mêmes dissonances affectives que mon père. Tu m'as en quelque sorte paru familier et c'est pour cela que je t'ai aimé. Le schéma affectif sur lequel je me suis construit, celui qui m'a fourni mes normes affectives, est un schéma que tu as su alimenter à merveille. Sauf que c'est tout ce qu'il ne me faut pas !

La prise en compte de mes schémas m'a fait comprendre que ce qui pouvait me sembler affectivement normal ne l'était pas.

Même si cela a été difficile pendant quelque temps, en termes d'acceptation et de chamboulement d'image de soi, j'éprouve un sentiment d'apaisement général. J'en retire une force nouvelle et un regard plus serein et plus positif sur ma personne. Je pense que je suis davantage connecté à moi-même et que les images erronées que certaines personnes m'ont toujours renvoyées ont disparu.

Cela a été une véritable découverte de mes racines et j'y ai gagné une meilleure compréhension des comportements affectifs et relationnels qui ont dominé ma vie passée. J'ai pu aussi et enfin identifier quels étaient mes réels besoins affectifs.

Et mes besoins réels, je sais à présent que tu n'es pas équipé pour y répondre.

Ethan a réalisé en écrivant cette lettre qu'il était guéri de son ex, mais surtout que son ex et lui étaient totalement incompatibles.

Même si vous sentez que vous n'êtes pas totalement guéri, écrivez quand même votre lettre à votre ex : cela vous permettra d'évaluer où vous en êtes par rapport à lui.

À votre tour d'écrire votre lettre de clôture !

✍ **Ma lettre de clôture**

....

....

....

....

....

....

....

Exercice 2. La fiche récap'

Pour cet exercice, vous allez remplir la fiche ci-dessous. Elle constitue une sorte de « mémo » de vos fonctionnements et vous permettra d'intensifier davantage la conscience que vous avez de vous-même ainsi que des situations qui vous font souffrir.

Commencez par identifier vos schémas principaux, je vous propose d'en lister 5, mais vous pouvez évidemment en mettre moins ou plus.

Ensuite, notez les types de situations qui ont tendance à activer ces schémas, ainsi que le style d'adaptation et le mode que vous utilisez (voir chapitre 2, p. 108-111 sur la thérapie des schémas).

Ayez toujours cette fiche à portée de main : vous pourrez ainsi l'utiliser quand vous vous sentirez vulnérable.

Voici un exemple pour vous aider à remplir votre fiche.

Schémas identifiés :
1) Abandon
2) Méfiance
3) Assujettissement

Situation qui active le schéma : une copine annule un rendez-vous à la dernière minute.

- *Schéma actif : abandon.*
- *Style adaptation : adulte craintif.*
- *Mode : enfant vulnérable.*

✍ Ma fiche récap'

- *Mes cinq schémas principaux :*

1 ....
2 ....
3 ....
4 ....
5 ....

- *Le type de situation qui active ces schémas :*

Situation 1 :
⇨ schéma actif : ....
⇨ style d'adaptation : ....
⇨ mode : ....

Situation 2 :

⇨ schéma actif : ....

⇨ style d'adaptation : ....

⇨ mode : ....

Situation 3 :

⇨ schéma actif : ....

⇨ style d'adaptation : ....

⇨ mode : ....

Situation 4 :

⇨ schéma actif : ....

⇨ style d'adaptation : ....

⇨ mode : ....

Situation 5 :

⇨ schéma actif : ....

⇨ style d'adaptation : ....

⇨ mode : ....

Résumé semaine 11

- Écrire une lettre à mon ex.
- Faire ma fiche récap'.

Vous êtes maintenant dans la dernière ligne droite de votre programme. Ne relâchez pas vos efforts !

Semaine 12

Mon bilan

Cette semaine est la semaine du bilan !

Exercice 1. Les fiches schémas

Pour chacun de vos principaux schémas, je vous invite à réaliser une fiche mémo. Sur ces fiches, vous inscrirez les avantages et les inconvénients de chaque schéma, ainsi que les signaux d'alarme qui vous montrent que vos schémas sont activés. Ces fiches sont très importantes car elles vont vous permettre de ne pas retomber dans les « pièges de vos schémas » et de reconnaître quels types d'hommes ou femmes viennent réactiver ces schémas.

Il est important de bien connaître les avantages d'un schéma, car ce sont ces bénéfices secondaires qui contribuent à son maintien. Les inconvénients sont, eux, les éléments négatifs entraînés par vos schémas.

Voici les fiches remplies par Amandine pour son schéma d'abnégation et son schéma d'abandon/carence affective.

Schéma abnégation

Avantages :

- *Ne pas prendre de décision.*
- *Ne pas prendre le risque de se tromper.*
- *Bonne image de moi-même : « Je m'occupe des autres. »*
- *Pensée plaisante : « Quand on obéit, on fait plaisir. »*

Inconvénients :

- *Je suis trop accommodante.*
- *Il y a plein de sujets sur lesquels je n'ai pas d'avis.*
- *Je n'ai pas un tempérament de leader.*
- *Je ne sais pas gérer les conflits.*
- *Je suis incapable d'affirmer une opinion sur les choses/événements.*
- *Je n'arrive pas à parler de mes soucis aux autres.*

Signaux d'alarme :

- *Je n'arrive pas à être calme, ferme et précise quand j'essaye d'exposer mes arguments.*
- *Je laisse les autres prendre systématiquement les décisions.*
- *Je fais éponge avec les émotions des autres.*
- *Je fais systématiquement passer les besoins des autres avant les miens.*

Schémas carence affective et abandon

Avantages :

- *Protège contre la peine de manquer d'amour.*
- *Protège contre la peine d'être abandonné, car on s'y attend.*
- *Pas d'abandon si pas d'attache.*

Inconvénients :

- *Je n'exprime pas mes besoins ou mes envies, j'attends des autres qu'ils y répondent et je suis donc forcément déçue.*
- *Je n'exprime jamais mes émotions négatives, les autres ne savent jamais quand je vais mal, ils ne peuvent donc pas m'aider.*

Signaux d'alarme :

- *Je surréagis à des remarques anodines.*

- *Je n'exprime pas mes besoins ou mes émotions.*
- *Je n'arrive plus à faire les choses seule ou, au contraire, je ne supporte plus la présence des autres.*
- *Je suis trop exigeante avec les autres.*

Essayez d'avoir les fiches les plus exhaustives possible et n'hésitez pas à les compléter avec le temps.

✍ **Ma fiche schémas**

Schéma :

Avantages :

....

....

....

....

Inconvénients :

....

....

....

....

Signaux d'alarme :

....

....

....

....

Exercice 2.
Les fiches Columbo

Faites maintenant une fiche avec les traits de personnalité chez l'autre qui réactivent l'ensemble de vos schémas et que vous devez donc fuir.

Mentionnez également sur la même fiche les quatre critères indispensables à votre bien-être relationnel.

Voici, pour vous aider, la fiche d'Amandine.

Éléments qui viennent réactiver mes schémas :

- *Les personnes avec le schéma « tout m'est dû ».*
- *Les fortes personnalités.*
- *Les gens fragiles qui ont besoin d'être « assistés ».*
- *Les instables.*
- *Les personnes incapables de s'engager.*
- *Les personnes froides et distantes.*
- *Les gens avec le schéma « exigences élevées ».*
- *Ceux qui me critiquent beaucoup, qui me rejettent.*

Éléments indispensables à mon bien-être :

- *Personne sachant communiquer.*
- *Personne à l'écoute de mes besoins.*
- *Personne valorisante.*
- *Personne qui n'est pas surinvestie dans son travail.*

Et voici maintenant la fiche de Laura qui souffre d'un schéma d'abandon, de méfiance et d'imperfection.

Éléments qui viennent réactiver mes schémas :

- *Les hommes instables dans leur vie personnelle et professionnelle.*
- *Les personnes immatures.*
- *Les hommes qui sortent d'une relation longue dont ils n'ont pas encore fait le deuil.*

- *Les gens dévalorisants.*
- *Les inhibés de la communication.*
- *Les phobiques de l'engagement.*
- *Les séducteurs.*

Éléments indispensables à mon bien-être :

- *Personne valorisante.*
- *Personne sachant me recadrer.*
- *Personne sachant communiquer ses émotions.*
- *Personne ayant une situation professionnelle stable.*

✍ Ma fiche Columbo

Éléments qui viennent réactiver mes schémas :

....

....

....

....

....

Éléments indispensables à mon bien-être :

....

....

....

....

....

Vous avez maintenant terminé votre programme de reconstruction.

Il est possible que vous ne vous sentiez pas totalement guéri. N'essayez pas d'aller trop vite. Un processus de deuil est long, laissez-vous le temps nécessaire pour aller mieux.

Peut-être avez-vous envie de rencontrer d'autres personnes. Les « relations pansements » ne sont pas contre-indiquées. Néanmoins soyez conscient que vous ne pouvez pas débuter une nouvelle relation sérieuse si vous n'êtes pas guéri de la précédente. Les bases ne seront pas bonnes, vous souffrirez et vous ferez souffrir votre compagnon.

QUATRIÈME PARTIE

Conseils à l'entourage d'un cœur brisé

Il est souvent très difficile de soutenir quelqu'un qui vient de subir une rupture amoureuse. On ne sait jamais quoi dire ou comment se comporter : est-ce que j'en fais trop ou pas assez ? Est-ce que je suis un mauvais ami si je m'éloigne un peu de toute cette tristesse ? Ce chapitre va vous donner quelques clefs pour vous aider à accompagner votre proche au mieux dans cette épreuve.

Chapitre 1

Comment aider efficacement un cœur brisé ?

Souvent, l'entourage ne sait plus quoi faire pour aider un proche à sortir de son chagrin d'amour. En réalité, c'est peine perdue. Vous ne pouvez pas l'aider ou faire en sorte qu'il aille mieux ou oublie son ex. Néanmoins, vous pouvez faire en sorte qu'il n'aille pas plus mal !

Les six commandements

Il existe donc quelques règles pour communiquer avec quelqu'un qui vient de se faire quitter :

• *Ne banalisez jamais sa souffrance.* Quels que soient son âge ou le temps que votre proche a passé avec son ex, certaines phrases comme : « Ne t'inquiète pas, ce n'est pas si grave, c'était un abruti ! » ou : « Ce n'est pas la peine de te mettre dans des états pareils pour cette pauvre fille… » sont à proscrire. Même si cela part d'une bonne intention, à savoir chercher à dédramatiser ou aider à relativiser, le résultat est qu'il se sentira parfaitement incompris et encore plus seul. Ce que vous devez faire, c'est vous montrer empathique pour que votre proche se sente le moins seul possible dans sa souffrance. Si sa détresse n'est pas prise en considération, il risque de s'isoler, de devenir agressif, voire de développer des idées vraiment noires.

• *Soyez synchro avec ses émotions.* Votre fille, votre frère, votre ami va certainement alterner tristesse et colère, désespoir et combativité. Restez en accord avec son émotion. Si vous sentez qu'il a besoin de pleurer et d'être consolé, soyez près de lui. Si vous sentez qu'il a besoin de sortir et de ne plus en parler, ne lui en parlez plus. Soyez en résonance avec ses humeurs et ses états d'âme : cela lui permettra de se sentir soutenu et accompagné dans son processus de deuil.

• *Évitez les : « Je te l'avais bien dit que ça finirait comme ça… » !* Même si cela vous démange, retenez-vous. Votre proche souffre assez et il se sent déjà suffisamment nul pour que vous n'en remettiez pas une couche.

• *Proposez-lui des activités qui vont le valoriser.* Aidez-le à développer ses compétences personnelles, à retrouver son estime de soi.

• *Soyez patient.* Oui je sais, c'est facile à dire, mais chacun a son propre rythme de résilience. Même si vous ne comprenez pas pourquoi, au bout d'un an, Julien est toujours aussi amoureux de Sam, alors qu'ils ne sont restés que six mois ensemble, acceptez que ce soit ainsi. Si vous le forcez à aller trop vite ou à passer à quelqu'un d'autre alors qu'il n'est pas prêt, vous ralentirez d'autant son processus de deuil. Restez attentif toutefois pour qu'il ne s'enlise pas dans une rumination stérile. Si c'est le cas, il peut être utile de le secouer un peu.

• *Soyez vigilant.* Vous l'aurez compris, une rupture amoureuse n'est pas à prendre à la légère. Restez donc en alerte pour empêcher que votre proche ne sombre trop profondément. (Voir chapitre 3, p. 227, « À quel moment faut-il vraiment s'alarmer ? »)

Et si vous n'en pouvez plus ?

Il est également possible que vous ne soyez plus en mesure d'aider votre proche. Parce que vous ne supportez plus de l'entendre parler de son ex, de le voir déprimé, parce que vous avez même l'impression qu'il se complaît dans sa souffrance en clamant à tout va que la vie est cruelle et injuste. Bref, il vous énerve franchement mais votre culpabilité vous contraint à rester des heures au téléphone alors que vous n'avez qu'une envie : dormir ou regarder un bon film, tranquille. Il est important que vous sachiez respecter vos propres limites. Si vous ne le faites pas, vous risquez de devenir agressif et de perdre toute empathie, et cela ne lui sera d'aucune aide. Je vous encourage donc à lui dire gentiment que vous avez besoin d'une pause.

Voici quelques techniques pour exprimer une critique sans que l'autre ne se braque :

• *Commencez par une phrase empathique* (« je comprends que tu sois très triste et que ce soit dur… »).

• *Critiquez le comportement, et non la personne.* Expliquez ce que le comportement de votre proche a comme conséquence sur vous. Par exemple, au lieu de dire : « T'es chiante à m'appeler à 2 heures du mat, je suis crevée à cause de toi », préférez : « Je comprends que tu sois triste et angoissée, mais en m'appelant à 2 heures du matin, tu coupes ma nuit. Je ne peux plus me rendormir et, le lendemain, je suis épuisée. »

• *Proposez une solution alternative* : « Je préférerais que tu m'envoies un SMS. Comme ça, si je suis réveillé, je te rappelle tout de suite. Sinon, je le fais le lendemain. »

Si vous agissez ainsi, l'autre se sentira compris, malgré vos critiques ; surtout, il n'aura pas le sentiment que c'est sa personne tout entière qui est remise en cause.

Si vous n'avez pas un comportement précis à critiquer, mais qu'il s'agit plutôt de la situation globale que vous ne supportez plus, voici une façon possible de l'exprimer : « Je comprends ta souffrance et que tu aies besoin d'en parler car cela t'obsède et tu as du mal à penser à autre chose (empathie), mais le fait que nous ne parlions que de cela depuis des semaines commence à m'épuiser. Je me sens un peu impuissant et cela me frustre de ne pouvoir t'aider davantage ("ce que ton comportement me fait à moi"). Je crois que j'ai besoin de me reposer un peu, de reprendre des forces pour être de nouveau là pour toi dans quelques semaines (proposition d'une solution). Je t'adore, ne m'en veux pas, mais là j'ai besoin de faire une petite pause dans ton histoire, car je sens que je ne te suis plus d'aucune utilité. »

Les conseils présentés dans ce chapitre sont des conseils généraux. Si votre proche possède certains traits de personnalité bien spécifiques, vous aurez peut-être besoin d'être plus subtil dans vos réactions. C'est justement ce que nous allons voir dans le chapitre suivant.

Chapitre 2

Si vous avez affaire à une personnalité difficile…

Pour les personnes qui souffrent d'un trouble de la personnalité ou qui correspondent à ce que l'on appelle globalement des « personnalités difficiles », une rupture amoureuse risque d'être encore plus douloureuse.

La personnalité est l'ensemble des caractéristiques psychologiques, des émotions et des comportements qui composent une personne. Chaque individu possède une personnalité unique, mais il existe des caractéristiques communes permettant de définir certains types de personnalités difficiles.

Nous allons passer en revue les différents cas possibles, puis je vous donnerai quelques clefs de comportements pour y adapter votre réponse. Je ne présenterai pas ici une liste exhaustive de tous les troubles de la personnalité, car certains relèvent clairement d'un traitement psychiatrique et n'entrent pas dans le cadre de cet ouvrage – vous pourrez vous reporter aux livres cités en bibliographie pour davantage de précisions. Je me limiterai dans ce guide aux personnalités difficiles que l'on rencontre le plus souvent.

On dit qu'une personne possède une personnalité difficile si ses cognitions, ses émotions, son comportement avec les autres ou ses impulsions sont inadaptés dans différents domaines de sa vie. Cette personne aura tendance à fonctionner toujours de la même manière, de façon rigide et stéréotypée, même quand les situations changent. Ce comportement rigide sera cause de souffrance et altérera sa vie sociale, professionnelle, familiale ou encore amoureuse. D'une façon générale, on peut considérer que les individus souffrant d'un trouble de la personnalité ont du mal à s'adapter.

Voici maintenant quelques éléments qui vous permettront d'identifier certaines tendances éventuelles chez un proche et d'y répondre avec le plus d'efficacité et de justesse.

Les personnalités paranoïaques

Les paranoïaques ont une grande difficulté à se remettre en question et à reconnaître leurs torts. Ils ont un mode de fonctionnement très rigide. Ils vont relever tous les détails qui pourraient être interprétés comme des attaques, des critiques ou des intentions malveillantes de la part d'autrui.

Lors d'une rupture amoureuse, un paranoïaque peut avoir des réactions violentes. La personne qui part va devenir une sorte de « mauvais objet », qui fait mal exprès. Il n'est donc pas exclu que le « laissé-pour-compte » développe un comportement punitif qui peut être dangereux pour celui qui l'a quitté.

Il existe deux types de paranoïaques. Le premier type est constitué par les paranoïaques agressifs, ou de combat, qui ont tendance à chercher la confrontation et peuvent devenir dangereux s'ils se sentent menacés. Les paranoïaques sensitifs sont, eux, plus vulnérables et timides : s'ils se sentent également persécutés et mal aimés, ils ont plutôt tendance à déprimer et se faire du mal à eux-mêmes.

Les paranoïaques ont une estime de soi très fragile. Ils sont dans le déni de leurs difficultés et projettent leur propre fonctionnement sur autrui. Un paranoïaque en pleine rupture amoureuse dira volontiers : « Elle m'a quitté parce qu'elle est incapable d'être aimée. » Dans les faits, la situation n'était pas celle-là : le paranoïaque était incapable de se sentir aimé et manifestait cette impossibilité par des crises de jalousie incessantes. Cette crainte de ne pas être aimé se traduit par un comportement d'hypervigilance au rejet et à la mise à l'écart.

Pour être paranoïaque, une personnalité doit présenter au moins quatre des manifestations suivantes (American Psychiatric Association, 2004) :

1. S'attend, sans raison suffisante, à ce que les autres l'exploitent, lui nuisent ou la trompent.
2. A des doutes injustifiés concernant la loyauté ou la fidélité de ses amis ou de ses associés.
3. Hésite à se confier, car a peur que ces informations soient utilisées contre elle.
4. Perçoit des significations cachées humiliantes ou menaçantes dans des événements anodins.
5. Ne pardonne pas d'être insultée, blessée ou dédaignée. Surinterprète tous les petits détails allant dans ce sens et les ressasse pendant des jours, des mois, voire des années.
6. Voit des attaques contre sa personne ou sa réputation que les autres ne voient pas. A tendance à contre-attaquer et à réagir avec colère.
7. Met en doute de façon répétée la fidélité de l'autre. Se montre jalouse et soupçonneuse.
8. Pense que tout est explicable, intentionnel et interprétable.
9. Est procédurière.
10. Considère que lâcher prise, c'est se laisser faire et être humiliée.

Comment faire ?

Les personnes méfiantes ont souvent vécu dans un climat de mensonge ou de violence. Petites, elles devaient être en alerte permanente et anticiper une éventuelle réaction impulsive des parents. Il se peut également que leurs parents leur aient inculqué l'idée qu'il faut se méfier des autres et ne faire confiance à personne.

• Le changement, ce qui est inhabituel, peut faire « flamber » un paranoïaque. Essayez donc de vous comporter exactement comme vous vous comportiez avant sa rupture. Ne dites pas de mal de son ex à un paranoïaque, car il va en déduire que vous pourriez en faire autant avec lui ou que vous avez fait semblant de l'aimer jusque-là et que vous êtes un menteur. Écoutez-le simplement avec un maximum d'empathie.

• N'essayez pas de faire des sous-entendus.

• N'annulez pas trop souvent les rendez-vous. Si vous avez envie de lui faire une critique, pesez vos paroles en insistant sur le fait que, par ailleurs, vous l'appréciez beaucoup.

• Si vous sentez qu'il dépasse les limites avec vous ou son ex, faites-lui savoir de façon claire et précise.

Votre proche peut simplement avoir quelques tendances paranoïaques qui sont compliquées à gérer, mais pas dangereuses. Les vrais paranoïaques qui développent des comportements punitifs peuvent eux être dangereux. Si vous sentez que votre proche devient menaçant, prévenez son médecin traitant.

Les personnalités histrioniques

Les personnes histrioniques ont un grand besoin d'affection et d'admiration. Souvent définies comme superficielles, elles renvoient l'image de quelqu'un qui n'est pas sincère. En réalité, elles ont tellement peur d'être rejetées qu'elles adhèrent à ce qu'elles pensent qu'on attend d'elles.

Elles ont un comportement théâtral et cherchent systématiquement à être au centre de l'attention. Si ce n'est pas le cas, elles se sentent mal à l'aise, mises à l'écart et vont avoir besoin d'être rassurées sur leur valeur personnelle.

Plus une personnalité histrionique se sent rejetée et plus elle recherche l'amour et la reconnaissance de celui qui la rejette. L'approbation est en permanence attendue et on observe une alternance entre idéalisation et dévalorisation d'autrui. Ce type de personnalité a du mal à conserver la bonne distance à l'autre – dont elle est soit trop proche, soit trop lointaine.

Avec une rupture amoureuse, le sentiment de rejet de l'histrionique va être multiplié par mille. Son estime de soi étant déjà fragile, il va s'effondrer et expérimenter, sinon des affects dépressifs, du moins un sentiment de vide et de solitude. Sa capacité de séduction étant remise en cause, il peut, s'il ne déprime pas, compenser en adoptant un comportement de quête séductrice. Avec un histrionique, le rejet amoureux, central dans sa problématique, prend une tournure de drame.

Une personnalité histrionique possède au moins cinq des manifestations suivantes :

1. Est mal à l'aise dans des situations où elle n'est pas au centre de l'attention.
2. Adopte volontiers un comportement de séduction sexuelle inadapté ou des attitudes provocantes.

3. Exprime des émotions superficielles ou rapidement changeantes.
4. Utilise régulièrement son apparence physique pour attirer l'attention sur elle.
5. Parle de manière subjective et pauvre en détails.
6. A tendance à dramatiser, théâtraliser et exagérer l'expression de ses émotions.
7. Est facilement influencée par autrui.
8. Considère ses relations plus intimes qu'elles ne le sont en réalité.

Comment faire ?

Une personnalité histrionique ressent les émotions de façon excessive, elle a tendance à dramatiser. Ne l'en blâmez pas : elle souffre vraiment.

• Ne banalisez pas ce qu'elle éprouve, car elle se sentirait encore plus rejetée et deviendrait encore plus théâtrale.

• Soyez empathique et, dès que votre proche arrive à parler posément de sa rupture ou de son ex, dès qu'il a un comportement plus sobre, valorisez-le.

• Sécurisez-le au maximum en étant présent (mais sans vous laisser envahir) et en le complimentant sur les aspects de sa personnalité qui ne sont pas histrioniques. Dites, par exemple : « J'aime bien quand tu arrives à m'écouter posément, ça me donne encore plus envie de passer du temps avec toi… »

• Gardez la bonne distance – ni trop loin ni trop près.

• Soyez attentif à d'éventuels comportements obsessionnels par rapport à son ex – appeler dix fois par jour, attendre en bas de chez lui, etc. Essayez de lui faire comprendre gentiment que sa stratégie n'est pas la bonne et que, si elle veut le récupérer, elle doit lui laisser le temps de revenir.

Les personnalités borderlines

Les borderlines ressemblent un peu aux histrioniques, mais ils ont un sentiment de vide plus intense et peuvent, au lieu d'un penchant à la théâtralisation en public, présenter une phobie sociale. Ces deux types de personnalités se rejoignent en revanche dans une même difficulté à trouver la distance relationnelle et dans le besoin avide d'être aimées (avec la peur d'être abandonné).

Lorsqu'une personnalité borderline vit une rupture amoureuse, il y a un risque important qu'elle se mette en danger ou se fasse du mal à elle-même. Par exemple, elle peut s'enivrer jusqu'à l'épuisement, effectuer des achats compulsifs et compensatoires qui la mettent en difficulté sur un plan financier, adopter un comportement sexuel dangereux ; elle peut également s'automutiler, voire carrément attenter à ses jours.

Une personnalité borderline possède au moins cinq des manifestations suivantes :

1. Fait des efforts effrénés pour éviter les abandons réels ou imaginaires.
2. A des relations interpersonnelles instables et intenses, où alternent l'idéalisation et la dévalorisation.
3. A une identité perturbée et une image de soi instable.
4. Est impulsive dans au moins deux domaines potentiellement « dommageables pour la personne » – dépenses, sexualité, toxicomanie, conduite automobile, boulimie, etc.
5. Est capable de comportements de mise en danger, de gestes d'automutilation ou de suicide.
6. Est instable sur un plan affectif en raison de son humeur très réactive.
7. A un sentiment chronique de vide.

8. Est capable de colères intenses ou inappropriées.
9. A l'impression d'être persécutée.

Comment faire ?

Vous l'aurez compris, une personnalité borderline qui vit une rupture amoureuse non choisie est en danger : soyez très présent et surveillez-la.

Pour le reste, reportez-vous aux conseils donnés pour les personnalités histrioniques. Et n'hésitez pas à prévenir le médecin traitant si vous sentez que votre proche est en danger.

Les personnalités narcissiques

Les narcissiques s'aiment, mais ils ont surtout le désir, le besoin d'être aimés, admirés et que l'on accepte, sans contester, toutes leurs demandes. Ils pensent même que les autres ont de la chance de pouvoir être là pour eux, car ce sont des personnes formidables qui méritent ce qu'il y a de mieux. Les besoins de leur entourage passent donc évidemment au second plan.

Les personnalités narcissiques ont tendance à oublier, voire à mépriser tout ce qui n'est pas en rapport avec elles. Elles sont incapables d'écouter, sauf si elles sont elles-mêmes le sujet de conversation ! Si elles arrivent à s'intégrer dans un groupe, ce qui est évidemment compliqué, elles ne peuvent avoir d'autre place que celle de leader à tendance dirigiste. Si ce n'est pas le cas, elles se sentiront très mal à l'aise et deviendront cassantes et méprisantes, ne comprenant pas le principe de réciprocité dans l'amitié ou l'amour.

Les narcissiques accordent une grande importance à leur apparence physique et à l'image qu'ils renvoient aux autres. Ils aiment étaler leur réussite et ne supportent pas celle des autres.

Si vous détectez au moins cinq des manifestations suivantes chez votre proche, alors il est fort probable que vous ayez affaire à une personnalité narcissique.

1. S'attend à être reconnue sans raison particulière.
2. Est absorbée par des fantasmes de succès illimités, de pouvoir, de splendeur, de beauté, d'amour idéal.
3. Pense être spéciale et unique.
4. A un besoin excessif d'être admirée.
5. Pense que tout lui est dû ; estime devoir bénéficier d'un traitement particulier ; s'attend à ce que ses désirs soit automatiquement satisfaits.
6. Utilise autrui pour parvenir à ses fins.
7. Manque d'empathie.
8. Envie souvent les autres et pense que les autres l'envient.
9. Présente une attitude et un comportement arrogants et hautains.

Sans pour autant présenter un narcissisme pathologique, votre proche peut simplement avoir certaines tendances, désagréables pour son entourage.

Comment faire ?

Si votre proche est narcissique et qu'il vient de vivre une rupture amoureuse, son ego va s'en trouver fortement traumatisé. Toutes ses certitudes, tout son équilibre basé sur le fait qu'il est une personne exceptionnelle ont été anéantis par cet événement. Sa jalousie et son ressentiment risquent de prendre une dimension massive – celui qui est parti n'a pas réalisé à quel point il était merveilleux, il n'a rien compris... Le narcissique a l'impression d'avoir apporté beaucoup à l'autre et se sent extrêmement trahi. Sa souffrance est réelle et intense.

Il peut vous être utile d'essayer de comprendre pourquoi votre proche réagit ainsi. Parfois, les personnes deviennent narcissiques après avoir été extrêmement dévalorisées, voire humiliées dans leur enfance. À l'inverse, elles peuvent aussi avoir eu des parents qui les ont traitées comme des princes ou des princesses.

Il est certain que vous pouvez être tenté de lui dire : « Tu n'as jamais été là pour moi et, maintenant, tu veux que je te console, mais tu rêves ! », ou encore : « X a bien fait de partir vu comment tu le traitais. Remets-toi donc un peu en question ! » Ce type d'approche ne fera que braquer son narcissisme et le déprimera encore plus. Appliquez plutôt les règles suivantes.

• Ne critiquez jamais un narcissique en public. Si vous avez besoin de lui dire quelque chose, commencez toujours par un compliment, puis verbalisez votre critique avec le plus de tact possible. Par exemple : « C'est vrai que tu lui offrais beaucoup de cadeaux et que tu étais généreux, mais est-ce que tu lui disais qu'elle était jolie ou intelligente ? »

• N'essayez jamais de comparer vos propres réussites amoureuses dans l'idée de lui montrer la « bonne marche à suivre ».

• Ne vous attendez pas à de la reconnaissance si vous êtes là pour lui – même s'il le pense, il ne le dira jamais.

Les personnalités évitantes

Comme son nom l'indique, une personnalité évitante a tendance à éviter le problème, en particulier les émotions douloureuses. Elle ne vous parlera pas de son mal-être et fera comme si tout allait bien. C'est typiquement ce type de personnalité qui bloque le processus de deuil (voir chapitre 2, p. 25). Elle est persuadée qu'elle souffrira moins si elle n'y pense pas et n'en parle pas. Évidemment, c'est l'inverse qui se produit et, au bout de quelques mois ou années, la douleur explose comme une bombe à retardement. La bombe peut dans le meilleur des cas ne jamais exploser, mais la personne évitante ne retrouvera jamais de compagnon, évitant ainsi tout risque de souffrance.

Une personnalité évitante possède au moins quatre des manifestations suivantes :

1. Évite les activités professionnelles qui impliquent des contacts importants, de peur d'être critiquée, désapprouvée ou rejetée.
2. Hésite à s'impliquer auprès d'autrui à moins d'être certaine d'être aimée.
3. Est réservée dans les relations intimes par crainte d'avoir honte ou de se sentir ridicule.
4. Craint d'être critiquée ou rejetée en situation sociale.
5. Est inhibée dans les situations interpersonnelles nouvelles.
6. Se perçoit comme socialement incompétente ou inférieure aux autres.
7. Hésite à entreprendre de nouvelles activités par crainte de l'embarras.

Comment faire ?

Deux cas de figure peuvent se présenter.

Si, malgré sa personnalité évitante, votre proche est en mode surcompensation et qu'il a tendance à sortir tous les soirs pour éviter de penser à sa rupture parce qu'il ne supporte pas de rester seul, vous pouvez commencer par lui proposer une soirée à deux chez lui. Orientez la conversation sur la rupture qu'il vient de vivre et sur les émotions qu'il éprouve à ce sujet. Essayez de lui faire entrevoir le fait que, peut-être, il sort beaucoup pour ne pas y penser, mais que plus il recule l'échéance du deuil, plus ce deuil sera long et difficile. Faites-le parler de sa peur d'affronter ses émotions : que craint-il ? que peut-il se passer s'il s'autorise à avoir mal ?

Si, au contraire, votre proche évite la confrontation aux autres et reste reclus chez lui, commencez par lui proposer de venir le voir avec un ou deux amis, puis proposez-lui un cinéma, un verre dans un bar, en fonction de ce qu'il préfère faire. Allez-y doucement, mais sûrement. Valorisez-le au maximum sur ses capacités, ses qualités et ses ressources psychiques et physiques.

Les personnalités dépendantes

Une personne dépendante qui est quittée par son amoureux est immédiatement perdue. En effet, elle part du principe que, sans sa moitié, elle n'est capable de rien faire : sa moitié était son pilier, son guide ; sans elle, elle n'est plus rien.

Il se peut donc que votre proche cherche quelqu'un sur qui déplacer sa dépendance. Une personnalité dépendante abandonnée peut être extrêmement envahissante pour son entourage. Elle va tenter de se raccrocher à tout ce qu'elle peut pour reconstruire des repères à travers les autres.

Une personnalité dépendante possède au moins cinq des manifestations suivantes :

1. A des difficultés à prendre des décisions dans la vie courante sans être rassurée ou conseillée de manière excessive.
2. A besoin que d'autres assument les responsabilités dans la plupart des domaines de sa vie.
3. A du mal à exprimer un désaccord de peur de perdre à l'avenir le soutien et l'approbation de l'autre.
4. A du mal à initier des projets ou à faire des choses seule.
5. Cherche à outrance à obtenir le soutien et l'appui d'autrui.
6. Se sent mal à l'aise et impuissante quand elle est seule, par peur de ne pas pouvoir se débrouiller.
7. Cherche, lorsqu'une relation se termine, à en entamer une autre de manière urgente.
8. Est préoccupée, de façon irraisonnée, par la crainte de devoir se débrouiller seule.

Comment faire ?

La difficulté avec une personnalité dépendante est de trouver la bonne mesure entre ne pas la laisser trop seule (ce qui serait trop violent) et ne pas entrer dans son schéma et devenir son sauveur. Le but doit être de lui montrer qu'elle est capable de faire des choses seule et de se débrouiller.

Par exemple, au début, si votre proche vous demande de remplir sa déclaration d'impôts à sa place – chose que sa moitié avait l'habitude de faire – ou encore de venir lui faire à manger, vous pouvez lui dire de faire lui-même sa déclaration d'impôts sur laquelle vous viendrez jeter un coup d'œil si c'est nécessaire. Ou encore vous pouvez lui proposer de dîner avec lui, mais à condition que ce soit lui qui fasse à manger. Il est essentiel que votre proche se rende compte qu'il est parfaitement capable de faire des choses et que, même s'il commet des erreurs, ce n'est pas catastrophique.

Pour l'aspect affectif, c'est la même chose. Votre proche aura certainement des accès d'angoisse, pensant qu'il ne va pas survivre sans l'amour de la personne partie. Rassurez-le sur le fait qu'il est entouré et surtout sur ses propres ressources psychiques, tout en restant empathique.

Les personnalités négatives

Le négativisme, c'est cette tendance à voir le verre à moitié vide. Dans une situation donnée, un « négativiste » verra systématiquement ce qui ne va pas. Pour le reste, il a toujours peur d'être trop naïf et considère qu'il faut anticiper les problèmes. À ses yeux, les gens positifs sont des Bisounours qui vivent dans une utopie.

Les personnalités négatives sont des gens inquiets et anxieux. Souvent ils ont vécu des échecs répétés ou simplement ont eu des parents, eux-mêmes négatifs qui leur ont transmis une anxiété anticipatoire.

Une personnalité négative possède au moins quatre des caractéristiques suivantes :

1. A des prédictions négatives fréquentes concernant l'avenir.
2. A tendance, quand ses prédictions négatives sont démenties, à trouver une justification du genre : « Oui mais ça aurait pu se passer comme je l'avais prédit » ou : « Ça va forcément mal tourner… »
3. A besoin de faire savoir à son entourage que sa prédiction était bonne.

4. Porte une attention particulière aux détails qui ne vont pas : « Oui, on est bien, mais il y a trop de nuages... », « Oui, cet appartement est joli, mais il y a une tache sur le mur... »
5. A du mal à se réjouir.
6. Minimise les événements positifs.
7. Considère les personnes positives comme bêtes et voit dans le pessimisme une preuve de réalisme.

Comment faire ?

Une personne négative qui vient de subir un échec amoureux sera terriblement confortée dans son négativisme. Elle peut avoir des pensées du type : « Voilà, de toute façon, les histoires d'amour finissent toujours mal... », « Je serai toujours seule... », etc.

Une personnalité négativiste peut soit tomber dans un état dépressif, soit sombrer dans une résignation morbide. Elle suscite souvent, au bout d'un certain temps, l'exaspération de son entourage qui ressent une sorte d'impuissance face à tant de pessimisme.

Si votre proche est un négativiste, vous devrez être tolérant, car il lui sera très difficile de se défaire de sa vision de l'avenir. Néanmoins, vous pourrez lui expliquer que ce n'est qu'une possibilité, une façon de voir les choses, mais que l'hypothèse positive est tout aussi valable en termes de probabilités. Par exemple : « Tu as autant de chances de rencontrer quelqu'un d'autre que de ne pas en rencontrer ! » ou bien : « Tu as autant de chances que ton histoire marche qu'elle ne marche pas la prochaine fois... »

Vous pouvez également lui expliquer que, stratégiquement parlant, la négativité est une perte d'énergie psychique : tandis que lui angoisse pour les événements à venir qui ne sont pas encore arrivés, les gens positifs, eux, préservent leur énergie et en ont plus pour affronter éventuellement une contrariété ou un drame ; du coup, ils ont un meilleur moral, sont plus productifs et réfléchissent mieux à ce qu'il faut faire !

Les personnalités passives-agressives

Les personnalités passives-agressives ont tendance à s'opposer d'une façon qui n'est pas franche. Par exemple, elles vous diront : « Oui, je vais te rendre ce service, il n'y a pas de problème », mais elles ne le feront jamais. Elles sont incapables d'exprimer un refus clair, de manifester une colère directe. Elles font passer leur mécontentement de manière insidieuse. Ce type de personnalité donne l'impression qu'il y a un malaise sans que vous arriviez à vraiment définir lequel et pourquoi. Si une personnalité passive-agressive subit une rupture amoureuse, elle aura donc logiquement du mal à exprimer franchement ses émotions, en particulier la colère.

Une personnalité passive-agressive présente au moins cinq des caractéristiques suivants :

1. A tendance à repousser à plus tard, à remettre au lendemain, si bien que les échéances sont rarement respectées.
2. Boude volontiers, est irritable quand elle n'est pas d'accord.
3. Travaille lentement ou d'une façon délibérément bâclée.
4. Se plaint sans raison.
5. Évite les responsabilités en prétendant avoir oublié.
6. Estime faire mieux que ce que pensent les autres.
7. Prend mal les critiques.
8. Critique sans raison ou se montre méprisante.
9. Oppose une forme de résistance passive à toutes sortes de demandes.

Comment faire ?

Un proche qui vient d'être quitté, s'il présente des traits passifs-agressifs, aura peut-être beaucoup de mal à récupérer ses affaires ; il pourra aussi faire traîner les formalités (comptes à fermer, lignes à résilier, etc.) ou « oublier » systématiquement quelque chose chez son ex.

Encouragez-le, voire accompagnez-le, pour qu'il puisse régler tous les aspects matériels liés à sa rupture.

Lorsque vous sentez qu'il boude ou que vous voyez qu'il a l'air agacé, encouragez-le à exprimer franchement sa colère ou sa tristesse.

Les passifs-agressifs ayant peur du conflit, rassurez-le sur le fait qu'il peut exprimer ses émotions, qu'elles seront reçues avec bienveillance et qu'affirmer son opinion ne mène pas forcément au conflit.

Et après ?

Voici donc les principaux traits de personnalité difficile qui peuvent vous conduire à adapter votre stratégie face à un proche en pleine rupture amoureuse. Néanmoins, comme le dit Christophe André : « Nous sommes toujours le casse-pieds de quelqu'un d'autre. » Si vous ne supportez pas la souffrance ou le comportement de cette personne que vous aimez pourtant, il n'est pas inintéressant de vous interroger sur ce que cela évoque en vous : à quoi vous fait penser ce comportement ? Pourquoi ne pouvez-vous plus tolérer ses jérémiades ? Ne seriez-vous pas trop exigeant ou autoritaire ? Ou peut-être ne supportez-vous pas la frustration de ne pouvoir finalement pas faire grand-chose pour accélérer le processus ? À méditer…

N'oubliez pas néanmoins qu'un proche qui présente une personnalité difficile ou, si les caractéristiques sont plus marquées, qui souffre d'un trouble de la personnalité, éprouve une souffrance intense et que cette souffrance peut mener à un épisode dépressif majeur. Le risque d'épisode dépressif est d'ailleurs toujours une éventualité à garder à l'esprit. C'est pourquoi je vous propose dans le chapitre qui suit quelques pistes pour vous aider à détecter un proche qui va vraiment très mal…

Chapitre 3

À quel moment faut-il vraiment s'alarmer ?

Ce dernier chapitre n'a pas pour but de vous faire paniquer. Il est évident que toutes les personnes qui vivent une rupture ne vont pas essayer de se faire du mal. Cependant, il est important de pouvoir détecter si votre proche est en danger et à quel moment vous devez prévenir un médecin. Pour mémoire, je vous rappelle que la moitié des tentatives de suicide ont pour déclencheur une rupture amoureuse.

On sait aujourd'hui que certains facteurs de vulnérabilité prédisposent un comportement suicidaire. Il peut s'agir d'un environnement familial toxique ou de difficultés de santé chroniques. On estime également que, dans 90 % des cas, il y avait un contexte de trouble psychiatrique : dépression, trouble bipolaire, schizophrénie, anorexie mentale, troubles addictifs, troubles de la personnalité. Actuellement, on a constaté que 25 % des jeunes qui font des tentatives de suicide souffrent d'un trouble de la personnalité (Ballas et Dorling, 2007).

À ces facteurs de vulnérabilité viennent s'ajouter des facteurs précipitants, c'est-à-dire des événements de vie douloureux et ponctuels, comme une situation de rejet amical, un échec professionnel, un décès ou une rupture amoureuse. Ces événements sont des déclencheurs, des gouttes d'eau qui viennent faire déborder un vase émotionnel qui était déjà trop plein. Le seuil de tolérance de la souffrance est dépassé, et la personne cherche à y mettre un terme. Ces événements ne créent pas le processus suicidaire, mais ils le déclenchent. Il faut donc les considérer comme des signaux d'alarme dans un contexte préalable de souffrance psychique. Il est important de souligner que même une rupture faisant suite à une relation de moins de trois mois peut potentiellement engendrer une grande détresse psychique. En juillet 2013, le ministère des Affaires sociales révélait que le suicide est la première cause de décès chez les 25-34 ans.

Chez les ados

Chez les adolescents, la tranche d'âge la plus touchée par les tentatives de suicide est les 10-14 ans pour les filles et les 15-19 pour les garçons (Morin, 2009). Chez les 15-24 ans, il s'agit de la deuxième cause de mortalité.

Les adolescents ont tendance à vivre les émotions très intensément et ont souvent du mal à se projeter. La rupture amoureuse devient alors un événement irrémédiablement dramatique avec l'idée que la souffrance endurée ne s'arrêtera jamais. De plus, du fait de leur âge encore jeune, les ados sont, plus encore que les autres amoureux, endeuillés face à la banalisation de leur situation par leur entourage. Des phrases comme : « Tu es jeune, tu t'en remettras » ne font qu'accroître leur sentiment d'isolement et leur désespoir. Dans d'autres cas, les jeunes ne parlent carrément pas de ce qui leur arrive, de leur souffrance, et se renferment sur leur tristesse. Les parents, pensant que ce sont les « aléas de l'adolescence », ne s'inquiètent pas outre mesure.

Hommes *vs* femmes

Pour ce qui est de la répartition par sexe, les filles ont tendance à faire plus de tentatives de suicide, mais les garçons se suicident davantage. En France, trois décès par suicide sur quatre concernent des hommes (www.infosuicide.org). En outre, les hommes ont tendance à ne pas demander d'aide lorsqu'ils sont en détresse ; ils y voient une faiblesse et pensent souvent qu'ils pourront régler leurs difficultés par eux-mêmes.

Ces chiffres permettent de bien voir que le suicide n'est pas une chose rare. Nous nous permettons d'insister sur ce point, car les ruptures amoureuses en sont souvent le déclencheur.

Chez les hommes, la rupture amoureuse constitue un risque particulièrement élevé. Au Québec, 60 % des hommes ayant eu recours au centre de prévention du suicide venaient de vivre une rupture amoureuse (Perrault, 1990). Ce constat a même amené le Centre de prévention du suicide du Québec et le centre de ressources pour homme AutonHommie à élaborer un projet de prévention du suicide chez les hommes en rupture amoureuse. Moins de 20 % des hommes interrogés dans ce cadre ont répondu qu'ils seraient prêts à demander de l'aide pour s'en sortir, contre 50 % qui estimaient qu'ils essaieraient dans cette circonstance simplement de fonctionner comme d'habitude ou d'oublier le problème. Une étude américaine a, quant à elle, fait ressortir que 63,9 % des personnes effectuant une tentative de suicide avaient eu une rupture amoureuse dans les deux mois précédant leur tentative (Ballas, Dorling, 2007). Cela veut dire que les personnes vivant des événements douloureux en lien avec leur relation amoureuse ont trois fois plus de risques de faire une tentative de suicide dans les deux mois suivant l'événement que celles qui n'en vivent pas. Ces résultats persistent après la prise en compte d'autres facteurs de risque comme l'existence de troubles bipolaires, de troubles dépressifs majeurs, de toxicomanies ou d'abus sexuels. Tous ces chiffres confirment que la rupture amoureuse est, à elle seule, un vrai déclencheur de tentative de suicide. En cas de rupture amoureuse, le risque suicidaire n'est jamais à prendre à la légère. Bien sûr, tous les amoureux délaissés ne se suicident pas. La plupart d'entre eux s'en remettent même très bien, même si c'est plus ou moins rapidement. Toutefois, s'il y a trouble de la personnalité, il est important de rester extrêmement vigilant.

Les signaux d'alarme

Les indices suivants peuvent vous aider à reconnaître qu'une personne est en risque suicidaire :

- changement radical dans l'attitude et le comportement ;
- la personne commence à donner des objets qui ont une vraie signification pour elle ;
- diminution nette des performances scolaires ou professionnelles ;
- retrait, isolement ;
- consommation inhabituelle de drogue ou d'alcool ;
- désintérêt, perte de plaisir ou de désir ;
- incohérence et confusion dans le langage ;

– émotions contradictoires et changeantes – par exemple : rires, puis pleurs, puis colère et agressivité, puis élan d'amour ;
– absence de buts et de projets ;
– plaintes somatiques diverses ;
– expression d'idées suicidaires ou d'un plan pour se tuer.

Un conseil : même si vous pensez qu'une personne n'est pas à risque et qu'elle exprime des idées « pour attirer l'attention sur elle », il est important de toujours prendre au sérieux une intention suicidaire qui exprime un malaise profond. Et il est faux de penser que « si on en parle, alors on ne fait pas ».

Voici maintenant les critères de diagnostic d'une dépression. Si vous en retrouvez au moins cinq chez votre proche et que ceux-ci sont présents depuis au moins deux semaines, il n'est pas exclu qu'il s'agisse d'un épisode dépressif majeur :

1. Humeur dépressive, présente pratiquement toute la journée, presque tous les jours, signalée par la personne elle-même ou remarquée par ses proches.
2. Diminution marquée de l'intérêt ou du plaisir pour toutes ou presque toutes les activités.
3. Perte ou gain de poids en l'absence de régime ; augmentation ou diminution de l'appétit.
4. Insomnie ou hypersomnie.
5. Agitation ou ralentissement psychomoteur.
6. Fatigue ou perte d'énergie.
7. Sentiment de dévalorisation ; culpabilité excessive ou inappropriée.
8. Diminution de l'aptitude à penser ou à se concentrer ; indécision.
9. Pensées de mort récurrentes ; idées suicidaires avec ou sans plan précis pour se suicider.

Il est également important de savoir que de récentes études ont montré que l'anxiété était un facteur de risque plus élevé que la dépression.

Comment procéder ?

Pour évaluer si votre proche risque de se faire du mal, posez-lui des questions. Ce n'est pas parce que vous lui posez des questions que cela lui donnera l'idée de passer à l'acte. Au contraire, vous pourrez ainsi réduire son angoisse et lui donner l'impression d'être entendu et compris.

Voici quelques exemples de questions que vous pouvez poser :

- « Est-ce que tu as l'impression que personne ne te soutient ? »
- « Est-ce que tu as l'impression que personne ne peut t'aider ? »
- « As-tu l'impression que tu ne sortiras jamais de ta souffrance ? Qu'il n'y a pas d'issue ? »
- « As-tu des difficultés à faire face à ton quotidien – ménage, vaisselle, douche, etc. ? »
- « As-tu l'impression que la vie est un fardeau ? »
- « Parfois on peut avoir l'impression que le seul moyen de sortir de sa souffrance, c'est d'en finir, tu as déjà pensé à ça ? »
- « As-tu déjà imaginé te faire du mal ? Si oui, comment ? »
- « Est-ce que parfois tu te dis que si tu ne te réveillais pas, ça ne serait pas si mal ? »

Si vous repérez plusieurs de ces critères, vous devez absolument alerter le médecin traitant ou le psychiatre de votre proche.

Pour conclure

Et maintenant ?

La fin de ce livre ne correspond peut-être pas à la fin de votre souffrance.

Ne vous inquiétez pas pour autant. Chacun possède un rythme de résilience différent. Les techniques et la façon de réfléchir sur soi que vous avez acquis en lisant ce guide vous permettront sans aucun doute de prendre chaque jour un peu plus de recul. À condition, évidemment, de continuer les exercices !

Accepter le fait que nous ne pouvons pas toujours nous débrouiller tout seul est une preuve d'intelligence. N'attendez pas d'être vraiment à bout de tout pour consulter. Ce n'est pas une marque de faiblesse ou un échec d'aller voir un psy. C'est au contraire une preuve de courage. Car il en faut du courage pour aller affronter ses émotions les plus douloureuses.

Pour ceux qui se sentent « guéris » de leur relation, si ce livre a pu vous permettre de traverser au mieux cette période douloureuse, tout en comprenant certaines choses sur vous-même, j'en suis ravie ! Il avait justement pour objectif que vous vous sentiez moins seul durant cette épreuve et que cette période de rupture amoureuse devienne une expérience qui vous construise au lieu de vous détruire. Les années de travail qui ont abouti à cet ouvrage et au programme thérapeutique que vous avez suivi ici, chapitre après chapitre, m'ont permis de me rendre compte à quel point la demande d'aide dans ce domaine était importante.

L'amour étant le moteur de la vie, il me semblait indispensable de le remettre en route s'il était enrayé.

Je vous souhaite donc plein de bonheur et d'amour en pleine conscience !

Bibliographie

Ouvrages généraux

Acharya M. J., *The Breakup Workbook*, BHG Books, 2009.

American Psychiatric Association, *DSM-IV-TR, Manuel diagnostique et statistique des troubles mentaux : texte révisé*, Masson, 2004.

André C., *Je résiste aux personnalités toxiques*, Seuil, « Points », 2007.

André C., *Méditer jour après jour*, L'Iconoclaste, 2011 (avec CD).

Bader E., Pearson P., *Tell Me no Lies*, Golden Guides from St. Martin's Press, 2001

Beck A., *La Thérapie cognitive et les troubles émotionnels*, De Boeck, 2010.

Bowlby J., *Attachement et perte*, PUF, 2002.

Cottraux J., Bouvard M., Légeron P., *Méthodes et échelles d'évaluation des comportements*, Éditions d'application psychotechniques, 1985.

Cottraux J., *La Répétition des scénarios de vie*, Odile Jacob, 2006.

Cottraux J., *Les Thérapies comportementales et cognitives*, Masson, 2004.

Courtet P., *Suicides et tentatives de suicide*, Flammarion, 2010.

Fisher B., *Après la rupture*, InterÉditions, 2005.

Ghazal M., Reynaud B., *Nous deux, c'est fini…*, Seuil, 2008.

Gratch A., *Pourquoi ça casse alors que ça pourrait marcher*, Payot, 2007.

Hahusseau S., *Comment ne pas se gâcher la vie*, Odile Jacob, 2008.

Hahusseau S., *Petit guide de l'amour heureux*, Odile Jacob, 2009.

Kabat-Zinn J., André C., Maskens C., *Au cœur de la tourmente, la pleine conscience*, De Boeck, 2009.

Lazarus A., *Emotion and Adaptation*, Oxford University Press, 1991.

Letessier L., « Méditer en pleine conscience pour moins déprimer », *in* Angel P., Angel S., *Bien choisir sa psychothérapie*, Larousse, 2010.

Mansion H., *La Voie du chagrin d'amour*, Michel Brulé, 2011.

Marshall A. G., *Le Piège du célibat*, Marabout, 2009.

Mehran F., *Traitement du trouble de la personnalité borderline*, Masson, 2006.

Mehran F., *Psychologies positives et personnalité*, Masson, 2010.

Sauteraud A., *Vivre après ta mort*, Odile Jacob, 2012.

Segal Z., William M., Teasdale J., *La Thérapie cognitive basée sur la pleine conscience pour la dépression. Une nouvelle approche pour prévenir la rechute*, De Boeck, 2007.

Seligman M., *Helplessness : On Depression, Development, and Death*, W. H. Freeman, 1992.

Vincent L., *Comment devient-on amoureux ?*, Odile Jacob, 2007.

Youg J. E., Klosko J. S., Janet S., *Je réinvente ma vie*, Les Éditions de l'Homme, 1993.

Young J. E., Klosko J. S., Weishaar M. E., *La Thérapie des schémas*, De Boeck, 2005.

Williams M., Teasdale J., Segal Z., Kabat-Zinn J., *Méditer pour ne plus déprimer*, Odile Jacob, 2009 (avec CD).

Articles

Ballas D., Dorling D., « Measuring the impact of major life events upon happiness », *International Journal of Epidemiology*, décembre 2007.

Barnes S., Warren B. K., « The role of mindfulness in romantic relationship satisfaction and responses to relationship stress », *The Journal of Marital and Family Therapy*, octobre 2007.

Fraley R. C., Shaver P. R., « Adult romantic attachment : Theoretical developments, emerging controversies, and unanswered questions », *Review of General Psychology*, 2000, vol. 4.

Friedman R., « Where to look ? Supervising group analysis – A relations disorder perspective », *Group Analysis*, 2007, vol. 40.

Kashdan T., Volkmann J., « Social anxiety and romantic relationships », *Journal of Anxiety Disorders*, 2006, vol. 21.

Marazziti D., « Romantic attachment in patients with mood and anxiety disorders », *CNS Spectrums*, 2007.

Morin J., « La rupture amoureuse à l'adolescence : aider les jeunes à mieux y faire face », *Ça s'exprime* (ministère de la Santé et des Services sociaux du Québec), 2009.

Najib A., Lorberbaum J. P., « Regional brain activity in women grieving a romantic relationship breakup », *The American Journal of Psychiatry*, 2004, 161.

Perrault C., « Et si on parlait des hommes ? », *Santé mentale au Québec*, 1990, vol. 15.

Rey J. M., « A mathematical model of sentimental dynamics accounting for marital dissolution », *Plos ONE*, 2010, 5.

Smith E. E., Wager T., Rilling J. K., Sokolik A., Casey K. L., Davidson R. J., Kosslyn S. M., Rose R. M., Cohen J. D., « Placebo-induced changes in fMRI in anticipation and experience of pain », *Science*, 2004, 303.

Timmreck T. C., « Overcoming the loss of love : Preventing love addiction and promoting positive emotional health », *Psychol. Rep.*, 1990, 66, p. 515-528.

Tremblay G., Desgagnés J.-Y., « SOS Rupture. Projet pilote de prévention du suicide », *Masculinité et société au Québec*, 2010.

Villella S., « Broken up but not broken : Satisfaction, adjustment, and communication in post-dissolutional relationships », présenté au meeting annuel de la *NCA 96th Annual Convention,* novembre 2010.

Yen S., Pagano M. E., « Recent life events preceding suicide attempts in personality disorder sample », *J. Consul. Clin. Psychol.*, février 2005.

Sites Internet utiles

www.infosuicide.org.
www.prevention.suicide.qc.ca.
www.adm.org.
www.aftcc.org.
www.lisa-letessier.fr.

Remerciements

Merci à Lorea Albistur-Bellette, ma relectrice depuis que nous avons appris à lire ! Tes yeux littéraires me seront toujours précieux !

Merci à Marie-Lorraine Colas dont les conseils, la bienveillance et la franchise m'ont été indispensables.

Merci à mes patients qui ont accepté de partager leur histoire.

Merci à Théodore de Mascarel sans qui ce livre n'aurait pas été.

Merci à Manuela Tomba pour ce que je suis aujourd'hui.

Merci à Florent Pecheur-Gabard qui m'a soutenue dans l'écriture de ce livre et qui illumine chaque jour ma vie un peu plus.

Cet ouvrage a été composé
par Nord Compo
à Villeneuve-d'Ascq (Nord)

N° d'impression : 254121
N° d'édition : 7381-5607-X
Dépôt légal : juin 2021

Imprimé en France